500
Aufläufe & Co.

Das Beste aus
Schmortopf
und Ofen

500 Aufläufe & Co.

Das Beste aus Schmortopf und Ofen

Rebecca Baugniet

Bassermann

ISBN 978-3-8094-2554-0

Fotos: Ian Garlick
Foodstyling: Gizzi Erskine
Realisation der deutschen Übersetzung: trans texas publishing, Köln
Übersetzung: Wiebke Krabbe, Damlos
Lektorat der deutschen Übersetzung: Şebnem Yavuz, Erpel

Satz: Nazire Ergün, Köln
Druck: SNP Leefung

Printed in China

817 2635 4453 6271

Inhalt

Einleitung

Aufläufe und Gerichte, die in einem einzigen Kochgefäß zubereitet werden, vermitteln Wärme und Behaglichkeit – wer könnte schon an einem Winterabend einem herzhaften, mit Käse überbackenen Nudelauflauf widerstehen? Gerichte aus einem Topf sind verführerisch lecker, leicht zuzubereiten, preiswert und lassen sich mit wenigen Zutaten vielfältig abwandeln. Obendrein kann man sie problemlos transportieren, um neue Nachbarn zu begrüßen oder kranken Freunden eine Freude zu machen.

Wer ausgewogene, gesunde Gerichte mag, die weder großen Kochaufwand noch viel Abwasch verursachen, hat das richtige Buch in der Hand. Die Zubereitung besteht aus kleinen Arbeitsschritten, die jeweils nur Minuten kosten. Wer es eilig hat, kann sogar Schritte überspringen und eine fertige Tomatensauce oder – anstelle von selbst gekochter heller Sauce – eine Dose gute Pilzcremesuppe verwenden. Die meisten Gerichte in diesem Buch können lange vor dem Servieren vorbereitet werden, auch das ist ein großes Plus. Den Französischen Hähnchentopf beispielsweise können Sie am Vortag kochen und müssen ihn zum Servieren nur noch einmal kurz erhitzen. Durch das Aufwärmen wird der Geschmack sogar noch besser.

Aufläufe schonen obendrein die Haushaltskasse, denn für viele können preiswerte Fleischzuschnitte verwendet werden, die langsam gegart ausgezeichnet schmecken. Und weil Gerichte aus einem Topf oft eine Vielfalt an Zutaten enthalten, können Sie auf aufwendige Beilagen verzichten. Frisches Brot oder ein grüner Salat mit einer einfachen Vinaigrette sind köstliche Begleiter und machen wenig Arbeit.

Aufläufe und Gerichte aus einem Topf, die Fleisch und Gemüse kombinieren, sind seit vielen Generationen in aller Welt bekannt und beliebt – denken Sie zum Beispiel an marokkanische Tajine oder ungarisches Gulasch. Jede Region der Welt hat ihre ganz eigene Zusammenstellung aus Fleisch, Gemüse, Flüssigkeit und Kräutern – aber immer entstehen dabei herrlich würzige, sättigende Gerichte. Moderne Küchenchefs setzen heute wieder auf traditionelle Zubereitungsmethoden und leisten dadurch einen wichtigen Beitrag, das Image des „Eintopfs" wieder zu verbessern. Der Trend geht weg von überraffinierten, kunstvoll arrangierten Gerichten, hin zu traditioneller, ländlicher und bodenständiger Küche, die sich auch zu Hause leicht zubereiten lässt. Aufläufe sind mit ihrer unkomplizierten Schlichtheit das ideale Wohlfühlessen. Außerdem entsprechen Sie ganz dem Geist der Slow-Food-Bewegung, ein Begriff, der nicht etwa stundenlange Küchenarbeit meint, sondern das wachsende Bewusstsein für einheimische Esstraditionen, für den Geschmack der einzelnen Zutaten und für die Auswirkungen unserer Ernährung auf die ganze Welt ausdrückt.

Dieses Buch präsentiert eine breite Auswahl von Klassikern in zeitgemäßer Zubereitung. Viele Gerichte werden im Backofen gegart, und wer attraktive Keramik-Auflaufformen besitzt, kann gleich daraus servieren. Die meisten bestehen aus einer Kombination köstlicher Zutaten, die gemeinsam in Brühe oder Sahne gegart werden. Manche werden noch mit Semmelbröseln oder Käse überbacken und bieten damit alles, was man von einer vollständigen Mahlzeit erwartet. Die Zubereitung kostet in den meisten Fällen nicht viel Zeit, und die unkomplizierten, verführerischen Gerichte eignen sich ausgezeichnet für eine große, vergnügte Tischrunde. Ganz gleich, welches Rezept Sie zuerst ausprobieren: All diese Aufläufe werden Sie und Ihre Gäste begeistern!

Küchenutensilien

Für die meisten Rezepte in diesem Buch brauchen Sie nur wenige Utensilien.

Auflaufformen und Bräter

Auflaufformen bestehen meist aus Glas, Keramik oder Steingut. Die in den Rezepten angegebenen Größen dienen nur der Orientierung. Sie können jede Form aus Ihrem Bestand verwenden, sofern sie groß genug ist und aus geeignetem Material besteht. Und wenn Sie keine ausreichend große Form besitzen, spricht nichts dagegen, mehrere kleinere zu benutzen. Wer keine Auflaufform hat, sollte sich eine im Format von etwa 23 cm x 33 cm x 5 cm anschaffen, die für die meisten Lasagne-Rezepte und andere Ofengerichte gut geeignet ist.

Wenn Sie eine Form verwenden, die größer, kleiner, flacher oder tiefer ist als im Rezept vorgeschlagen, oder die aus dickerem Steingut besteht, kann die Garzeit etwas von der Angabe im Rezept abweichen. Prüfen Sie, ob das Gericht gut erhitzt ist, ehe Sie es aus dem Ofen nehmen.

In diesem Buch verwenden wir Auflaufformen in drei Größen. „Klein" sind Formen mit einem Volumen von 1–1,5 Litern, z. B. Souffléformen mit 15–18 cm Durchmesser oder kleine Kastenformen. „Mittelgroß" sind Formen mit einem Volumen von 2–2,5 Litern, z. B. 20 cm x 20 cm x 5 cm, 23 cm x 23 cm x 5 cm oder 28 cm x 18 cm x 4 cm, Kastenformen im Format 23 cm x 13 cm x 7,5 cm oder Souffléformen mit 20 cm Durchmesser. Als „groß" bezeichnen wir Formen mit 3 Litern Volumen oder mehr. Dazu gehört das schon erwähnte Format von 23 cm x 33 cm x 5 cm (fasst 4 Liter), sowie die Größen 20 cm x 20 cm x 9 cm und 25 cm x 25 cm x 10 cm.

Viele Rezepte aus diesem Buch lassen sich gut in einem Bräter zubereiten. Das ist ein Schmortopf mit dickem Boden und Deckel, der auf der Herdplatte und im Backofen verwendet werden kann. Wer keinen Bräter besitzt, muss darauf achten, einen ofenfesten Topf zu benutzen oder das Gericht vor dem Überbacken in eine Auflaufform umzufüllen.

Pfannen & Töpfe
Für die Rezepte in diesem Buch können Sie verschiedene Töpfe und Pfannen benutzen. Schweres Kochgeschirr aus Gusseisen ist ideal zum langsamen Köcheln von Saucen, aber auch beschichtete Töpfe und Pfannen sind geeignet. Praktisch sind zwei oder drei verschiedene Größen.

Schüsseln, Siebe, Schneidebretter, Messbecher & -löffel
Schüsseln braucht man in der Küche laufend. Kleine und mittlere dienen zum Anrühren von Saucen oder zum Aufbewahren von Zutaten, die erst später zugefügt werden. Ein Durchschlag ist zum Abgießen von Nudeln und Gemüse unerlässlich. Außerdem sollten Sie mindestens zwei Schneidebretter besitzen: eins zum Verarbeiten von rohem Fleisch, eins für alle anderen Zutaten. Die Mengen von Gewürzen und anderen Zusätzen können Sie variieren, aber die in den Rezepten angegebenen Mengen der Hauptzutaten sollten Sie einhalten. Dabei helfen neben der Küchenwaage Messbecher mit Skala sowie Messlöffel für kleinere Mengen.

Sonstige Utensilien
In jede Küche gehört eine Auswahl guter Messer. Für die Rezepte in diesem Buch brauchen Sie vor allem ein Fleisch- und ein Gemüsemesser. Außerdem sollten Sie eine gute Käsereibe und eine Zitronenpresse aus Glas oder Metall mit einer Auffangvorrichtung für die Kerne besitzen. Spatel sind praktisch, um Sauce aus Töpfen zu schaben, attraktive Modelle können auch zum Servieren benutzt werden. Holzlöffel und Schneebesen brauchen Sie zum Rühren klümpchenfreier Saucen, ein elektrischer Pürierstab ist nützlich zum feinen Zerkleinern gegarter Zutaten im Topf. Hitzefeste Untersetzer schützen die Tischplatte, wenn Sie ein Gericht direkt im Kochgeschirr servieren. Beim Kochen kommt es oft auf das richtige Timing an. Zum Glück kosten gute, zuverlässige Kurzzeitmesser – zum Aufziehen oder mit Digitalanzeige – kein Vermögen.

Zutaten

Fleisch, Geflügel & Fisch

Die meisten Arten von Fleisch, Geflügel und Fisch bekommen Sie im Supermarkt. Es ist aber immer ratsam, im Fleischereifachgeschäft oder beim Fischhändler einzukaufen. Fachhändler bieten eine große Auswahl an Fleischsorten, oft auch Bio-Fleisch und -Geflügel oder Fisch aus nachhaltiger Zucht. Außerdem bekommen Sie beim Fachhändler qualifizierte Beratung bei der Wahl des richtigen Fleischs oder Fischs für Ihr Rezept. Gerichte aus einem Topf werden oft langsam geschmort oder gebacken, eine Methode, bei der auch preiswertere Fleischstücke herrlich zart und saftig werden. Der Fleischer kann beispielsweise Zuschnitte aus der Keule, der Schulter oder dem Rippenstück von den Knochen befreien und rollen – ideal, um sie im Ganzen im Topf zu schmoren oder im Backofen zu garen. Für andere Gerichte benötigen Sie gewürfeltes Fleisch, für das Sie – weil es ebenfalls langsam gegart wird – problemlos preiswertere Zuschnitte vom Schwein, Rind oder Lamm verwenden können. Neben der kompetenten Beratung finden Sie beim Fleischer oder Fachhändler auch Hilfe bei der Vorbereitung, z. B. beim Entbeinen, Schneiden oder Filetieren der Ware.

Gemüse

Für viele Rezepte in diesem Buch werden ganze Tomaten aus der Dose verwendet, weil sie Kerne enthalten, die zerdrückt ein feinherbes Aroma beisteuern. Wer es milder mag, kann etwas Zucker zugeben. Beginnen Sie mit ½ Teelöffel Zucker und fügen Sie nach Geschmack mehr zu. Für eine Sauce aus frischen Tomaten verwenden Sie vollreife, aromatische Früchte. Das Gemüse, das Sie verarbeiten, sollte möglichst frisch sein. Für tagesfrische, gut ausgereifte Ware mit viel Geschmack, aber ohne lange (umweltschädliche) Transportwege, sind der Bioladen oder der Wochenmarkt die besten Adressen.

Eier

Sofern nichts anderes angegeben ist, werden für die Rezepte in diesem Buch Eier der Größe L verwendet. Bio-Eier schmecken besser und sind die umweltfreundlichere Wahl.

Öl

Für die meisten Rezepte wird Olivenöl verwendet. Unter den neutralen Pflanzenölen empfehlen sich Rapsöl oder Sonnenblumenöl. Beide haben einen milden Geschmack und sind in jedem guten Supermarkt zu haben. Für einige der fettarmen Rezepte verwenden wir Sprühöl, das im gut sortierten Fachhandel bei den Ölen oder im Regal mit den Backzutaten zu finden ist.

Mehl

Soweit nicht anders angegeben, wird einfaches Weizenmehl (Type 405) verwendet.

Kräuter & Gewürze

Frische Kräuter geben Saucen und Belägen frische Würze, aber auch getrocknete Kräuter sind durchaus geeignet. Als Faustregel gilt, dass 1 Teelöffel frisch gehackte Kräuter etwa 1/4 Teelöffel getrockneten, zerriebenen Kräutern entspricht. Gewürze wie Kreuzkümmel, Koriander, Kurkuma, Kardamom und Muskatnuss sind im Lebensmittelhandel erhältlich. Schauen Sie sich auch einmal in Bioläden und Spezialgeschäften nach außergewöhnlichen Gewürzen um.

Brühe & Fond

Für viele Eintopfgerichte brauchen Sie Brühe oder Fischfond. In manchen Supermärkten und Feinkostgeschäften bekommt man frische Brühe. Fertige Fonds verschiedener Art werden in Gläsern angeboten, außerdem sind Brühen als Würfel und Granulat erhältlich. Empfehlenswert sind Produkte mit niedrigem Salzgehalt, die das Aroma der anderen Zutaten nicht überdecken und Ihnen beim Würzen mehr Spielraum lassen. Es ist aber auch ganz einfach, Brühe selbst zu kochen. Kochen Sie ruhig einen großen Topf voll und frieren Sie kleinere Portionen davon ein, die Sie nach Bedarf schnell auftauen können. Sie können die Zutaten frisch einkaufen, aber besonders würzig wird Brühe mit übrig gebliebenen Knochen oder Karkassen vom Festtagsbraten.

Gemüsebrühe

2 Zwiebeln, grob gehackt
2 Karotten, grob gehackt
2 Selleriestangen, grob gehackt
1 Lorbeerblatt
2 Zweige frischer Thymian
4 Zweige frische Petersilie
1 TL ganze schwarze Pfefferkörner
½ TL Salz
1,5 l Wasser

Alle Zutaten in einem großen Topf zum Kochen bringen. Danach auf niedriger Temperatur 1 Stunde leicht köcheln lassen. Zwischendurch den aufsteigenden Schaum abschöpfen. Die Brühe durch ein feines Sieb gießen und abkühlen lassen. Bis zum Verbrauch kalt stellen oder einfrieren.

Ergibt ca. 1 Liter

Hühnerbrühe

1 Hühnerkarkasse
2 Zwiebeln, grob gehackt
2 Karotten, grob gehackt
2 Selleriestangen, grob gehackt
2 Lorbeerblätter
1 TL ganze schwarze Pfefferkörner
½ TL Salz
1,5 l Wasser

Alle Zutaten in einem großen Topf zum Kochen bringen. Danach auf niedriger Temperatur 1½ Stunden leicht köcheln lassen. Zwischendurch den aufsteigenden Schaum abschöpfen. Die Brühe durch ein feines Sieb gießen und abkühlen lassen. Das erstarrte Fett von der Oberfläche abschöpfen. Bis zum Verbrauch kalt stellen oder einfrieren.

Ergibt ca. 1 Liter

Fischfond

500 g Fischabfälle (ohne Kiemen)
1 Zwiebel, grob gehackt
1 Porreestange, grob gehackt
2 Selleriestangen, grob gehackt
1 Lorbeerblatt
4 Zweige frische Petersilie
½ TL ganze schwarze Pfefferkörner
½ TL Salz
1,25 l Wasser

Die Gräten mit den übrigen Zutaten in einen großen Topf geben. Aufkochen, dann die Temperatur reduzieren und bei niedriger Hitze 30 Minuten leicht köcheln lassen. Zwischendurch den aufsteigenden Schaum abschöpfen. Den Fond durch ein feines Sieb gießen und abkühlen lassen. Bis zum Verbrauch kalt stellen oder einfrieren.

Ergibt ca. 1 Liter

Rinderbrühe

1 kg Rinderknochen
2 Zwiebeln, grob gehackt
2 Karotten, grob gehackt
2 Selleriestangen, grob gehackt
1 Lorbeerblatt
2 Zweige frischer Thymian
4 Zweige frische Petersilie
1 TL ganze schwarze Pfefferkörner
½ TL Salz
1,5 l Wasser

Den Backofen auf 220 °C vorheizen. Die Knochen in einen Bräter geben und im Ofen 45 Minuten rösten, dann mit allen übrigen Zutaten in einen großen Topf geben. Zum Kochen bringen und bei niedriger Temperatur 3 Stunden leicht köcheln lassen. Zwischendurch den aufsteigenden Schaum abschöpfen. Die Brühe durch ein feines Sieb gießen und abkühlen lassen. Das erstarrte Fett von der Oberfläche abschöpfen. Bis zum Verbrauch kalt stellen oder einfrieren.

Ergibt ca. 1 Liter

Garnierungen & Kleinigkeiten

Garnierungen verbessern Geschmack, Konsistenz und Aussehen eines Gerichts und können so aus einem normalen Auflauf ein Festessen machen. Viele Rezepte in diesem Buch enthalten Vorschläge zur Garnierung, aber probieren Sie ruhig eigene Variationen aus. Fein gehackte Kräuter wie Schnittlauch, Basilikum, glatte Petersilie, Minze, Salbei oder Koriander sehen hübsch aus und geben ein feines Aroma. Auch mit abgeriebener Zitronenschale oder feinen Ringen von Frühlingszwiebeln lässt sich manches Gericht aufwerten. Oder mögen Sie lieber Knackiges wie Croûtons, kurz geröstete Kürbis- oder Sonnenblumenkerne oder Sesam?

Salsas, Chutneys, Relishes und andere pikante Würzsaucen können Sie zu milden Gerichten reichen, um ihnen etwas mehr Pepp zu geben. Naturjoghurt, saure Sahne, Zaziki oder Raita bilden ein gutes Gegengewicht zu scharf gewürzten Speisen.

Familienfeste

Ein herzhafter Eintopf oder Auflauf ist bestens für eine große Tischrunde geeignet. Die Rezepte in diesem Kapitel lassen sich gut vorbereiten und müssen zur Essenszeit nur kurz aufgewärmt werden.

Scharfer Hackauflauf

Variationen auf Seite 36

Verwechseln Sie das hier erwähnte Chilipulver nicht mit dem schärferen Cayennepfeffer. Chilipulver ist eine Mischung aus Cayennepfeffer, Kreuzkümmel, Knoblauch und Oregano.

2 EL Olivenöl
700 g mageres Rinderhackfleisch
200 g Zwiebeln, fein gehackt
1 Knoblauchzehe, zerdrückt
125 g rote Paprika, gehackt
100 g feines Maismehl
800 g ganze Tomaten aus der Dose, abgetropft, die Hälfte der Flüssigkeit aufgefangen
150 g Maiskörner
1 EL Chilipulver (alternativ Paprikapulver)
3 TL Salz
¼ TL frisch gemahlener schwarzer Pfeffer
350 ml Milch
25 g Butter
125 g Gouda, gerieben
2 Eier, leicht verquirlt

Den Backofen auf 190 °C vorheizen. Das Öl in einem großen Topf erhitzen. Das Hackfleisch etwa 7 Minuten anbraten. Zwiebeln, Knoblauch und rote Paprika zufügen und 5 Minuten mitgaren, bis die Zwiebel glasig ist. In einer kleinen Schüssel 250 ml Wasser mit der Hälfte des Maismehls anrühren. Die Mischung zum Fleisch geben und 10 Minuten köcheln lassen. Die Tomaten mit der aufgefangenen Flüssigkeit zufügen, dabei die Tomaten grob zerkleinern. Maiskörner, Chilipulver, 2 Teelöffel Salz und Pfeffer zufügen. Weitere 5 Minuten köcheln lassen, dann in eine große Auflaufform (3 Liter) füllen. In einem Topf die Milch mit Butter und restlichem Salz erwärmen. Langsam unter ständigem Rühren das restliche Maismehl zufügen und bei niedriger Temperatur weiterköcheln lassen, bis die Sauce eindickt. Vom Herd nehmen, Käse und Eier einrühren. Die Sauce über das Fleisch geben. 35–40 Minuten überbacken, bis die Mischung brodelt und die Oberfläche goldbraun wird. Das Gericht kann man bis zu zwei Tage im Voraus zubereiten, es sollte aber frisch mit der Sauce überbacken werden.

Für 4–6 Personen

Spaghetti-Hähnchen-Auflauf

Variationen auf Seite 37

Wenn Sie die Hühnerbrühe selbst machen wollen, finden Sie das Rezept auf Seite 17.

200 g Spaghetti
70 g Butter
1 Karotte, gehackt
1 Selleriestange, gehackt
70 g Mehl
Salz und frisch gemahlener schwarzer Pfeffer nach Geschmack
450 ml Hühnerbrühe
450 ml Milch
450 g gegartes Hühnerfleisch, in mundgerechte Stücke geschnitten
125 g alter Gouda, gerieben

Den Backofen auf 175 °C vorheizen. Die Spaghetti gemäß Packungsanweisung kochen. Abgießen, in 1 Esslöffel Butter schwenken und beiseitestellen. In einem kleinen Topf Karotte und Sellerie mit etwas Wasser 5 Minuten dünsten. Abgießen und beiseitestellen.

Für die Sauce die restliche Butter in einem großen Topf bei niedriger Temperatur zerlassen. Mehl, Salz und Pfeffer zufügen. Unter ständigem Rühren erhitzen, dann 1 Minute weiter schwitzen lassen, bis die weiche Mischung Blasen wirft. Vom Herd nehmen. Brühe und Milch einrühren. Nochmals unter ständigem Rühren aufkochen und 1–2 Minuten kochen, bis die Sauce eindickt. Spaghetti, Karotte, Sellerie und Hühnerfleisch einrühren. Alles in eine große Auflaufform füllen, mit dem Käse bestreuen und 25–30 Minuten überbacken, bis die Mischung brodelt.

Für 6 Personen

Tortilla-Auflauf

Variationen auf Seite 38

Ungewöhnlich, aber sehr lecker! Wenn Sie eine gute Einkaufsmöglichkeit für mexikanische Lebensmittel haben, können Sie dort auch Bohnenpüree in der Dose bekommen.

250 g getrocknete weiße Bohnen
5 Knoblauchzehen, geschält
1 Zweig Rosmarin
5 EL Olivenöl
(alternativ: 525 g mexikanisches Bohnenpüree aus der Dose)
450 g mageres Rinderhackfleisch
225 g Salsa (Fertigprodukt)
1 TL gemahlener Kreuzkümmel
4 Weizen-Tortillas
240 g junger Gouda, gerieben
saure Sahne, zum Garnieren
gehackte Frühlingszwiebeln, zum Garnieren

Die Bohnen über Nacht in kaltem Wasser einweichen. Die eingeweichten Bohnen in einem großen Topf großzügig mit Wasser bedecken. Knoblauch – leicht angedrückt –, Rosmarin und Öl zugeben und aufkochen. Bei halb geschlossenem Topf und milder Hitze 1½–2 Stunden garen. Rosmarin entfernen und die Bohnen mit Knoblauch und etwa 200 ml Kochwasser pürieren.

Den Backofen auf 175 °C vorheizen. Für die Füllung das Hackfleisch in einer Pfanne anbraten. Das Fett abgießen. Salsa und Kreuzkümmel einrühren. In eine runde Auflaufform (23 cm) eine Tortilla legen. Die Hälfte der Fleischmischung daraufgeben und mit 60 g geriebenem Käse bestreuen. Eine weitere Tortilla auflegen, mit der Hälfte des Bohnenpürees bestreichen und mit 60 g Käse bestreuen. Beide Schichten noch einmal wiederholen. 20 Minuten überbacken, bis der Käse geschmolzen und der Auflauf heiß ist. In Stücke schneiden und mit saurer Sahne und gehackten Frühlingszwiebeln garnieren.

Für 4–6 Personen

Kartoffelauflauf mit Schinken

Variationen auf Seite 39

Herzhafter Schinken zwischen sahnigen Kartoffeln – eine köstliche Überraschung, der niemand widerstehen kann.

40 g Butter, plus etwas mehr zum Einfetten
50 g Zwiebel, fein gehackt
3 EL Mehl
Salz und frisch gemahlener schwarzer Pfeffer nach Geschmack
600 ml Milch
225 g geräucherter Schinken, die Scheiben in kleine Stücke geschnitten
900 g Kartoffeln, in dünne Scheiben geschnitten

Den Backofen auf 175 °C vorheizen. Eine große, rechteckige Auflaufform (23 cm x 33 cm) mit etwas Butter einfetten. Beiseitestellen.

Für die Sauce die Butter in einem großen Topf bei niedriger Temperatur zerlassen. Die Zwiebeln darin 5 Minuten glasig dünsten. Mehl, Salz und Pfeffer zufügen und unter ständigem Rühren anschwitzen, bis die Mischung Blasen wirft. Noch 1 Minute unter Rühren schwitzen lassen, dann vom Herd nehmen. Die Milch unterrühren und alles wieder aufkochen, dabei ständig mit dem Schneebesen rühren. Wenn die Sauce nach 1–2 Minuten Kochzeit eindickt, vom Herd nehmen und den Schinken zufügen.

Die Kartoffelscheiben in die Form schichten und mit der Sauce übergießen. Die Kartoffeln müssen ganz bedeckt sein. Die Form mit Alufolie abdecken und 30 Minuten überbacken. Die Folie abnehmen und etwa 1 weitere Stunde backen, bis die Kartoffeln weich sind und goldbraune Ränder bekommen. Vor dem Servieren etwas abkühlen lassen.

Für 6 Personen

Hähnchencurry mit Kartoffeln

Variationen auf Seite 40

Zitrone, Ingwer und frischer Koriander geben diesem Gericht seine exotische Würze.

2 EL frisch geriebener Ingwer
4 EL Wasser
6 EL Rapsöl
1,1 kg Hähnchenbrustfilet, in mundgerechte Stücke geschnitten
3 Knoblauchzehen, zerdrückt
1 Bund fein gehackter frischer Koriander
1/4 TL Cayennepfeffer
2 TL gemahlener Kreuzkümmel
1 TL gemahlener Koriander
1/2 TL gemahlene Kurkuma
1 TL Salz
2 EL frisch gepresster Zitronensaft
175 ml Wasser
3 Kartoffeln, gewürfelt

In einer Schüssel den Ingwer mit dem Wasser zu einer Paste verrühren. Beiseitestellen. Das Rapsöl in einem Schmortopf oder Bräter erhitzen und das Fleisch portionsweise anbraten. Aus dem Topf nehmen und mit der Bratflüssigkeit beiseitestellen. Den Knoblauch in demselben Topf bei niedriger Temperatur hell anbräunen. Den Ingwer zufügen und 1 Minute mitbraten. Gehackten Koriander, gemahlene Gewürze und Salz zufügen und noch 1 Minute braten.

Fleisch und Flüssigkeit wieder in den Topf geben. Zitronensaft, Wasser und Kartoffeln unterrühren und aufkochen. Die Temperatur reduzieren und abgedeckt 15 Minuten köcheln lassen. Gelegentlich umrühren, damit die Kartoffeln gleichmäßig garen. Prüfen, ob die Kartoffeln gar sind, und bei Bedarf noch 5 Minuten länger köcheln lassen. Sie können das Gericht im Voraus bis zur Zugabe der Kartoffeln vorbereiten. 30 Minuten vor dem Servieren das Curry zum Kochen bringen, Kartoffelwürfel einrühren und wie oben fortfahren.

Für 4–6 Personen

Klassischer Makkaroni-Auflauf

Variationen auf Seite 41

Für viele das Lieblingsessen Nummer eins, hier in der klassischen Version mit Tomatenscheiben und Semmelbröseln. Bei den vielen Variationsmöglichkeiten kommt nie Langeweile auf.

450 g Makkaroni
50 g Butter
50 g Zwiebeln, gehackt
35 g Mehl
½ TL Salz
¼ TL frisch gemahlener schwarzer Pfeffer
¼ TL Worcestersauce
450 ml Milch
225 g alter Gouda, gerieben
6 Tomatenscheiben
50 g Semmelbrösel

Den Backofen auf 175 °C vorheizen. In einem großen Topf mit leicht gesalzenem Wasser die Nudeln kochen, bis sie gerade al dente sind; sie garen im Ofen noch nach. Inzwischen die Käsesauce vorbereiten. In einem großen Topf bei niedriger Temperatur die Butter zerlassen, die Zwiebeln zufügen und 5 Minuten glasig dünsten. Mehl, Salz, Pfeffer und Worcestersauce zufügen, glatt rühren und alles unter ständigem Rühren anschwitzen. 1 Minute köcheln lassen, dann vom Herd nehmen. Die Milch unterrühren und unter ständigem Rühren wieder aufkochen. Wenn die Sauce nach 1–2 Minuten eindickt, den Käse zufügen und gut einarbeiten. Vom Herd nehmen.

Die abgetropften Nudeln in die Sauce geben und alles gut vermengen. Die Nudelmischung in eine große Auflaufform füllen, mit den Tomaten belegen und mit den Semmelbröseln bestreuen. 20–25 Minuten überbacken, bis die Semmelbrösel goldbraun sind und die Sauce brodelt.

Für 4–6 Personen

Gefüllte Zucchini

Variationen auf Seite 42

Mit einer raffinierten Füllung schmecken milde Zucchini überraschend würzig.

25 g Butter, plus etwas mehr zum Einfetten
8 kleine Zucchini, längs halbiert
100 g Zwiebeln, fein gehackt
25 g fein gehackte frische glatte Petersilie
700 g Kochschinken, gewürfelt
3 EL saure Sahne
1 EL Senf
Salz und frisch gemahlener schwarzer Pfeffer nach Geschmack
200 g Gruyère, gerieben

Den Backofen auf 190 °C vorheizen. Eine große, rechteckige Auflaufform mit Butter einfetten.

Mit einem Esslöffel die Kerne aus den Zucchinihälften herauskratzen.

In einer kleinen Pfanne die Butter zerlassen und die Zwiebeln darin bei niedriger Temperatur 5 Minuten weich und glasig dünsten. Beiseitestellen.

In einer mittelgroßen Schüssel die restlichen Zutaten (bis auf den Käse) vermischen. Die gedünsteten Zwiebeln unterrühren. In jede Zucchinihälfte ⅛ der Mischung füllen. Nebeneinander in die Form legen und mit dem Gruyère bestreuen. 25 Minuten überbacken, eventuell noch 3 Minuten unter dem Grill bräunen.

Für 4 Personen

Schmorbraten mit Süßkartoffeln

Variationen auf Seite 43

Der verführerische Duft dieses Bratens zieht durchs ganze Haus.

1 Tüte Zwiebelsuppe (Fertigprodukt)
350 ml Wasser, plus 3 EL mehr
50 ml Sojasauce
2 EL brauner Zucker
1 TL frisch geriebener Ingwer
1,5 kg Rinderschmorbraten
4 Süßkartoffeln, in 5 cm große Stücke geschnitten
2 EL Mehl

Den Backofen auf 160 °C vorheizen. In einem Bräter mit Deckel das Suppenpulver mit Wasser, Sojasauce, braunem Zucker und Ingwer verrühren. Das Fleisch hineinlegen und im Ofen 1 Stunde 45 Minuten garen. Die Süßkartoffeln zufügen und weitere 45 Minuten garen, bis Süßkartoffeln und Fleisch zart sind. Fleisch und Süßkartoffeln auf einen Servierteller legen und warm stellen, die Flüssigkeit im Bräter lassen.

Für die Sauce das Mehl mit 3 Esslöffeln Wasser anrühren, in die Schmorflüssigkeit gießen und unter ständigem Rühren auf der Herdplatte aufkochen. 2 Minuten kochen lassen, bis die Sauce eindickt. Zu dem Braten servieren.

Für 6 Personen

Variationen

Scharfer Hackauflauf

Grundrezept auf Seite 21

Scharfer Hackauflauf mit Bohnen
Gemäß Grundrezept zubereiten. Vor dem Umfüllen in die Auflaufform 1 Dose abgetropfte Kidneybohnen unter das Fleisch rühren.

Scharfer Hackauflauf mit Oliven
Gemäß Grundrezept zubereiten. Vor dem Umfüllen in die Auflaufform 100 g gehackte grüne Oliven mit Paprikafüllung unter das Fleisch rühren.

Scharfer Hackauflauf mit Gemüse
Gemäß Grundrezept zubereiten. Mais und Paprika durch eine bunte Gemüsemischung aus der Tiefkühltruhe ersetzen.

Scharfer Hackauflauf mit Koriander
Gemäß Grundrezept zubereiten. 75 g fein gehackten, frischen Koriander zur Fleischmischung geben.

Variationen

Spaghetti-Hähnchen-Auflauf

Grundrezept auf Seite 22

Spaghetti-Thunfisch-Auflauf mit Pilzen & Oliven
Gemäß Grundrezept zubereiten, aber ohne Karotten und Sellerie. Das Hühnchen durch 450 g abgetropften Thunfisch aus der Dose ersetzen. 225 g Olivenscheiben und 225 g angebratene Champignonscheiben zufügen.

Reis-Hähnchen-Auflauf
Gemäß Grundrezept zubereiten, aber anstelle der Spaghetti die halbe Menge Reis verwenden.

Spaghetti-Hähnchen-Auflauf mit Mandelblättchen
Gemäß Grundrezept zubereiten, dabei 100 g Mandelblättchen zur Sauce geben.

Schneller Spaghetti-Hähnchen-Auflauf
Spaghetti und Gemüse gemäß Grundrezept zubereiten, jedoch die Sauce, wie folgt, verändern: In einer großen Auflaufform je 1 Dose Pilzcremesuppe und Geflügelcremesuppe, 175 ml Milch und 2 Esslöffel trockenen Weißwein verrühren. Gegarte Spaghetti, Fleisch und Gemüse zugeben und wie im Grundrezept überbacken.

Spaghetti-Puten-Auflauf
Gemäß Grundrezept zubereiten, aber statt Hühnchen die gleiche Menge gegartes Putenfleisch verwenden.

Variationen

Tortilla-Auflauf

Grundrezept auf Seite 25

Tortilla-Auflauf extrapikant
Gemäß Grundrezept zubereiten, aber den Kreuzkümmel durch die gleiche Menge Taco-Würzmischung ersetzen.

Tortilla-Auflauf mit Mozzarella
Gemäß Grundrezept zubereiten, aber den Gouda durch die gleiche Menge Mozzarella ersetzen.

Vegetarischer Tortilla-Auflauf
Gemäß Grundrezept zubereiten, aber das Hackfleisch durch 450 g gegarten weißen Reis ersetzen.

Tortilla-Auflauf mit Koriander
Gemäß Grundrezept zubereiten, aber statt mit Frühlingszwiebeln mit frischem Koriander garnieren.

Tortilla-Auflauf mit Mortadella
Gemäß Grundrezept zubereiten, dabei aber das Rindfleisch durch 450 g Mortadella ersetzen.

Variationen

Kartoffelauflauf mit Schinken

Grundrezept auf Seite 26

Einfacher Kartoffelauflauf
Gemäß Grundrezept zubereiten, jedoch ohne Schinken.

Kartoffelauflauf mit Kochschinken
Gemäß Grundrezept zubereiten, aber den geräucherten Schinken durch die gleiche Menge Kochschinken ersetzen.

Kartoffelauflauf mit Karotten
Gemäß Grundrezept zubereiten, dabei aber zusätzlich 200 g Karottenscheiben zugeben.

Kartoffelauflauf mit Champignons
Gemäß Grundrezept zubereiten. Zusammen mit den Kartoffeln 400 g in Scheiben geschnittene Champignons in die Form geben.

Leichter Kartoffelauflauf
Gemäß Grundrezept zubereiten, aber fettarme Margarine statt Butter und Putenbrust statt Schinken verwenden.

Variationen

Hähnchencurry mit Kartoffeln

Grundrezept auf Seite 29

Hähnchencurry mit Kartoffeln & Erbsen
Gemäß Grundrezept zubereiten. Zusammen mit den Kartoffeln 100 g Erbsen aus der Dose zufügen.

Hähnchencurry mit Kartoffeln & Karotten
Gemäß Grundrezept zubereiten. Mit den Kartoffeln 225 g gewürfelte Karotten zugeben.

Hähnchencurry mit Kartoffeln & Mango-Chutney
Gemäß Grundrezept zubereiten. Jede Portion zusätzlich mit etwas Mango-Chutney garnieren.

Putencurry mit Kartoffeln
Gemäß Grundrezept zubereiten, aber statt Hähnchenbrust die gleiche Menge Putenbrust verwenden.

Tofu-Curry mit Kartoffeln
Gemäß Grundrezept zubereiten, aber das Fleisch durch 900 g gewürfelten schnittfesten Tofu ersetzen.

Klassischer Makkaroni-Auflauf

Grundrezept auf Seite 30

Makkaroni-Auflauf für Kinder
Zwiebeln, Tomatenscheiben und Semmelbrösel weglassen. Zum Überbacken jungen Gouda verwenden.

Makkaroni-Auflauf mit Butternut-Kürbis
Zwiebeln, Tomaten und Semmelbrösel weglassen. ½ Butternut-Kürbis mit der Schnittseite nach unten auf einem eingefetteten Backblech im vorgeheizten Ofen bei 190 °C 35–40 Minuten garen, dann das Kürbisfleisch pürieren und 100 g abwiegen. Mit dem Käse in die Sauce rühren, auf den Auflauf geben und überbacken.

Rigatoni-Auflauf mit Blumenkohl
Statt Makkaroni Rigatoni verwenden. 225 g gedämpften Blumenkohl zufügen. Tomaten und Semmelbrösel weglassen.

Makkaroni-Auflauf mit Chili con Carne
Käsesauce, Tomaten und Semmelbrösel weglassen. Die gegarten Nudeln mit Chili con Carne aus der Dose vermischen und mit Mozzarellascheiben überbacken.

Makkaroni-Auflauf für Kenner
Tomaten und Semmelbrösel weglassen. 40 g Butter in einer Pfanne zerlassen. 700 g Schalotten zufügen, mit Salz und Pfeffer würzen. Abgedeckt dünsten, bis die Schalotten hellbraun sind. Auf den Nudeln verteilen, mit 175 g Ziegenkäse überbacken.

Variationen

Gefüllte Zucchini

Grundrezept auf Seite 32

Gefüllter gelber Sommerkürbis
Statt Zucchini die gleiche Menge kleine, gelbe Sommerkürbisse verwenden.

Zucchini mit vegetarischer Füllung
1 fein gehackte Zwiebel, 1 zerdrückte Knoblauchzehe, 75 g gehackte Pilze und das ausgeschabte Innere der Zucchini in 1 Esslöffel Butter 5 Minuten andünsten, bis die Zwiebeln glasig sind und das Gemüse weich wird. Mit ½ Teelöffel Basilikum, ¼ Teelöffel Thymian, Salz und frisch gemahlenem Pfeffer abschmecken. In einer mittelgroßen Schüssel 3 Eier, 350 g Hüttenkäse, 75 g Weizenkeime und 3 Esslöffel Sojasauce mischen. 125 g geriebenen Gouda und 225 g gegarten Naturreis unterrühren. Das gedünstete Gemüse untermischen und die Masse in die Zucchini füllen. Mit geriebenem Schweizer Käse bestreuen und wie im Grundrezept überbacken.

Zucchini mit Krebsfüllung
Statt Schinken 450 g Krebsfleisch aus der Dose abtropfen lassen, zerpflücken und untermischen. Den Gruyère durch die gleiche Menge Mozzarella ersetzen.

Zucchini mit Hähnchenfüllung
Gemäß Grundrezept zubereiten. Statt Schinken die gleiche Menge gegartes, gewürfeltes Hähnchenfleisch verwenden.

Variationen

Schmorbraten mit Süßkartoffeln

Grundrezept auf Seite 35

Schmorbraten mit Süßkartoffeln & grünen Bohnen
Gemäß Grundrezept zubereiten. Mit den Süßkartoffeln 450 g frische grüne Bohnen zugeben.

Schmorbraten mit Süßkartoffeln, Karotten & Pastinaken
Gemäß Grundrezept zubereiten. Mit den Süßkartoffeln je 3 große Karotten und Pastinaken (in mundgerechte Stücke geschnitten) zugeben.

Schmorbraten mit Kartoffeln
Gemäß Grundrezept zubereiten, aber anstelle von Süßkartoffeln Kartoffeln (in 5 cm große Stücke geschnitten) zugeben.

Schmorbraten mit Süßkartoffeln & Butternut-Kürbis
Gemäß Grundrezept zubereiten. Mit den Süßkartoffeln 450 g Butternut-Kürbis (geschält und in 5 cm große Stücke geschnitten) zugeben.

Nudeln & Reis

Kohlenhydrate sättigen und machen zufrieden. Ihnen ist dieses Kapitel gewidmet. Ob Sie ein kräftiges Hauptgericht, eine interessante Beilage oder etwas Leckeres für eine Party suchen: Hier werden Sie fündig.

Roter Reistopf mit Rindfleisch

Variationen auf Seite 64

Tomaten und Paprika geben diesem herzhaften Gericht seine intensive Farbe.

4 Scheiben Frühstücksspeck
225 g Zwiebeln, fein gehackt
1 Knoblauchzehe, fein gehackt
100 g rote Paprika, fein gehackt
450 g mageres Rinderhackfleisch
225 g Basmati-Reis
500 g ganze Tomaten aus der Dose (mit Saft)
1 TL Salz
frisch gemahlener schwarzer Pfeffer nach Geschmack
75 g Gouda, gerieben

Den Backofen auf 175 °C vorheizen. Den Frühstücksspeck in einer Pfanne knusprig braten. Aus der Pfanne nehmen, zerbröseln und in eine mittelgroße, rechteckige Auflaufform (23 cm x 18 cm) füllen. Die Speckstücke in der Form rühren, um Boden und Seiten einzufetten.

Zwiebeln, Knoblauch und Paprika in derselben Pfanne etwa 5 Minuten dünsten, bis die Zwiebeln glasig sind. Hackfleisch und Reis zufügen und bei mittlerer Temperatur braten, bis das Fleisch gebräunt ist. Die Tomaten samt Flüssigkeit, Salz und Pfeffer zugeben. Die Tomaten etwas zerdrücken und umrühren. Die Mischung in die Auflaufform füllen. Mit dem geriebenen Gouda bestreuen. Mit Alufolie abdecken und 45 Minuten backen. Die Folie entfernen und weitere 15 Minuten überbacken, bis der Reis gar ist.

Für 4–6 Personen

Überbackene Nudeln mit Wurst

Variationen auf Seite 65

Dieser würzige Auflauf reicht für viele Personen. Wenn die Tischrunde kleiner ist, dann können Sie den Rest für einen kleinen mitternächtlichen Imbiss einfrieren.

700 g milde Bratwurst
1 Zwiebel, fein gehackt
3 Knoblauchzehen, fein gehackt
1 TL getrocknetes Basilikum
½ TL getrockneter Oregano
¼ TL getrockneter Thymian
Salz und frisch gemahlener schwarzer Pfeffer
100 g Tomatenmark
800 g ganze Tomaten aus der Dose (mit Saft)
450 g Röhrennudeln, z. B. Rigatoni
225 g Provolone (italienischer Hartkäse), gerieben
25 g fein gehackte frische glatte Petersilie

Das Wurstbrät aus den Därmen nehmen und die Masse grob zerteilen. Bei mittlerer Temperatur in einer großen Pfanne anbräunen. Die Wurst herausnehmen, das Fett bis auf 2 Esslöffel abgießen. Die Zwiebel mit Knoblauch, Kräutern, Salz und Pfeffer 5 Minuten glasig dünsten. Das Tomatenmark einrühren und 3 Minuten mitdünsten. Die Tomaten samt Saft zugeben und das Fruchtfleisch etwas zerdrücken. Die Sauce aufkochen. Die Wurst in die Sauce geben und bei niedriger Temperatur ohne Deckel 45 Minuten köcheln lassen, bis die Sauce eindickt.

Den Backofen auf 190 °C vorheizen. In einem großen Topf mit kochendem Salzwasser die Nudeln nach Packungsanweisung garen, bis sie al dente sind. Abgießen und zur Sauce geben. 75 g geriebenen Provolone und die gehackte Petersilie zufügen und unterrühren. In eine große, rechteckige Auflaufform (23 cm x 33 cm) umfüllen und mit dem restlichen Käse bestreuen. Die Form mit Alufolie abdecken und das Gericht 30 Minuten backen, bis die Sauce brodelt. 10 Minuten vor Ende der Garzeit die Folie abnehmen, damit die Oberfläche bräunt.

Für 6–8 Personen

Cannelloni mit Spinat

Variationen auf Seite 66

Für diese Variante des beliebten Nudelgerichts wird eine köstliche Spinat-Käse-Füllung mit klassischer Tomatensauce kombiniert.

50 ml Olivenöl
2 Knoblauchzehen, fein gehackt
800 g Tomaten aus der Dose (mit Saft)
¼ TL Salz
8–10 grob gehackte frische Basilikumblätter
450 g Spinat, tiefgefroren, aufgetaut und gehackt
225 g Ricotta
225 g körniger Frischkäse
120 g Parmesan, frisch gerieben, plus 3 EL mehr
1 Prise frisch geriebene Muskatnuss
¼ TL frisch gemahlener schwarzer Pfeffer
14 Cannelloni

Für die Sauce das Öl in einem Topf bei mittlerer Temperatur erhitzen. Den Knoblauch darin 4 Minuten goldbraun anbraten. Tomaten samt Saft und Salz zufügen, die Tomaten etwas zerdrücken. Aufkochen und 15 Minuten köcheln lassen, bis die Sauce eindickt. Häufig umrühren. Das Basilikum einrühren und beiseitestellen. Den Backofen auf 175 °C vorheizen.

Für die Füllung den Spinat in einem feinen Sieb kräftig ausdrücken. Mit Küchenpapier trocken tupfen. Spinat, Ricotta, körnigen Frischkäse, Parmesan, Muskatnuss und Pfeffer vermischen. 225 g Sauce auf dem Boden einer großen Auflaufform (23 cm x 33 cm) verteilen. Die Cannelloni mit der Spinatmischung füllen und auf die Sauce setzen. Mit der restlichen Sauce übergießen und mit dem zusätzlichen Parmesan bestreuen. Die Form mit Alufolie abdecken und 1½ Stunden backen, bis die Sauce brodelt und die Cannelloni gar und heiß sind. 20 Minuten vor Ende der Garzeit die Folie abnehmen, um die Oberfläche zu bräunen.

Für 6–8 Personen

Hähnchenreis

Variationen auf Seite 67

Wenn kein Risottoreis im Haus ist, können Sie auch Milchreis nehmen. Echter Risottoreis bleibt im Kern etwas bissfester.

450 ml warmes Wasser
1 große Prise Safran
4 TL mildes Delikatess-Paprikapulver
700 g Risottoreis (z. B. Arborio-Reis)
2 EL Olivenöl
225 g Zwiebeln, fein gehackt
3 Knoblauchzehen, fein gehackt
100 g rote Paprika, gewürfelt
2 Scheiben Frühstücksspeck, in kleine Stücke geschnitten
2 TL gemahlener Kreuzkümmel
1 Prise Salz
225 ml einfache Tomatensauce (Fertigprodukt)
450 g Hähnchenbrustfilet, in mundgerechte Stücke geschnitten
350 ml helles Bier
1 l Hühnerbrühe
1 TL frisch gepresster Limettensaft
Salz und frisch gemahlener schwarzer Pfeffer nach Geschmack

Wasser, Safran und 1 Teelöffel Paprikapulver verrühren. Den Reis in einer Schüssel mit dem Safranwasser vermischen und beiseitestellen. Das Öl bei mittlerer bis hoher Temperatur in einem Bräter erhitzen. Zwiebeln, Knoblauch, Paprika und Speck 5 Minuten unter häufigem Rühren andünsten. Kreuzkümmel, restliches Paprikapulver und Salz zugeben und weitere 5 Minuten dünsten. Tomatensauce und Fleisch zugeben und gründlich verrühren. Bei mittlerer bis niedriger Temperatur 15–20 Minuten unter gelegentlichem Rühren garen. Bier und Hühnerbrühe zugeben und aufkochen. Reis mit dem Safranwasser zugießen. Wieder aufkochen, umrühren, abdecken und auf niedrige Temperatur umschalten. 20 Minuten köcheln lassen, dabei öfter umrühren. Vom Herd nehmen, Limettensaft, Salz und Pfeffer einrühren. Ohne Deckel 5–10 Minuten ruhen lassen, erst dann servieren.

Für 4–6 Personen

Cremiger Nudelauflauf

Variationen auf Seite 68

Dieser köstliche Auflauf lässt sich gut vorbereiten. Eine halbe Stunde bevor die hungrigen Gäste kommen, einfach in den Ofen schieben – und nachher die Komplimente genießen.

450 g Röhrennudeln (z. B. Penne)
1 EL Olivenöl
225 g Zwiebeln, fein gehackt
2 Knoblauchzehen, fein gehackt
800 g ganze Tomaten aus der Dose (mit Saft)
1 TL getrockneter Oregano
Salz und frisch gemahlener schwarzer Pfeffer nach Geschmack
225 g Ricotta
50 g grünes Pesto
400 g Mozzarella, gerieben

Den Backofen auf 175 °C vorheizen. Die Nudeln nach Packungsanweisung kochen und abgießen. Sie müssen gerade al dente sein, weil sie im Ofen nachgaren. In einem großen Topf das Öl bei mittlerer Temperatur erhitzen. Zwiebeln und Knoblauch darin 5 Minuten glasig dünsten. Tomaten mit Saft, Oregano, Salz und Pfeffer zugeben. Die Tomaten grob zerkleinern. 10 Minuten köcheln lassen. In einer Schüssel Ricotta und Pesto verrühren. Die gekochten Nudeln in die Tomatensauce geben. 300 g Mozzarella einrühren. Die Hälfte der Nudelmischung in eine große Auflaufform füllen. Löffelweise die Ricotta-Mischung daraufgeben, die restlichen Nudeln darauf verteilen und mit dem restlichen Mozzarella bestreuen. 20–25 Minuten überbacken, bis der Auflauf brodelt und goldbraun ist.

Für einen Auflauf mit dickerer Ricotta-Kruste einfach die gesamten Nudeln in die Form geben und die Ricotta-Mischung darauf verteilen. Mit Mozzarella bestreuen und 20–25 Minuten überbacken, bis der Auflauf brodelt und goldbraun ist.

Für 4–6 Personen

Reisauflauf mit Emmentaler

Variationen auf Seite 69

Der saftige Reisauflauf ist eine leckere Beilage zu Brathähnchen oder Fisch.

Butter, zum Einfetten
100 g Reis
3 oder 4 kleinere Gemüsezwiebeln, in Ringe geschnitten
125 ml Hühnerbrühe
200 g Emmentaler, gerieben
50 ml Milch
Salz und frisch gemahlener schwarzer Pfeffer nach Geschmack
25 g fein gehackte frische glatte Petersilie

Den Backofen auf 175 °C vorheizen. Eine große Auflaufform leicht mit Butter einfetten.

In einem großen Topf den Reis in 1 Liter leicht gesalzenem Wasser aufkochen. 5 Minuten kochen, dann abgießen. Den Reis mit allen anderen Zutaten außer der Petersilie in die Auflaufform geben und gut umrühren. Die Form mit Alufolie abdecken und 1 Stunde im Ofen backen, bis Reis und Zwiebeln gar sind. 10 Minuten vor Ende der Garzeit die Folie entfernen, damit die Oberfläche goldbraun wird. Vor dem Servieren mit der Petersilie bestreuen.

Für 4–6 Personen

Lasagne bolognese

Variationen auf Seite 70

Lasagne mag jeder. Mit diesem Rezept kann nichts schiefgehen. Sie können die Lasagne auch einen Tag im Voraus zubereiten und abgedeckt in den Kühlschrank stellen.

450 g mageres Rinderhackfleisch
100 g Zwiebeln, fein gehackt
1 Knoblauchzehe, fein gehackt
450 g ganze Tomaten aus der Dose (mit Saft)
425 ml einfache Tomatensauce (Fertigprodukt)
4 EL fein gehackte frische glatte Petersilie
4–5 grob zerpflückte frische Basilikumblätter
Salz und Pfeffer nach Geschmack
450 g Ricotta
175 g Parmesan, frisch gerieben
1 EL fein gehackter frischer Oregano
1 Prise frisch geriebene Muskatnuss
12 Lasagneblätter
400 g Mozzarella, gerieben

Hackfleisch, Zwiebeln und Knoblauch in einer Pfanne bei mittlerer Temperatur unter gelegentlichem Rühren anbräunen. Das Fett abgießen. Tomaten samt Saft zugeben, die Tomaten grob zerkleinern. Aufkochen, dann bei niedriger Temperatur 45 Minuten eindicken. 2 Esslöffel Petersilie, Basilikum, Salz und Pfeffer zugeben. In einer Schüssel Ricotta, 120 g Parmesan, restliche Petersilie, Oregano und Muskatnuss verrühren. Den Backofen auf 175 °C vorheizen. Die Lasagneblätter portionsweise in einem Topf mit kochendem Salzwasser nach Packungsanweisung garen, bis sie al dente sind. Abgießen und beiseitestellen. Etwa ein Viertel der Fleischsauce in einer großen (23 cm x 33 cm) rechteckigen Auflaufform verteilen. 4 Lasagneblätter darauflegen und mit einer dünnen Schicht Sauce bedecken. Darauf die Hälfte der Ricotta-Mischung verteilen und mit etwa einem Drittel des Mozzarellas bestreuen. Die Schichtreihenfolge noch einmal wiederholen, dann die restlichen Lasagneblätter, Fleischsauce und Mozzarella in die Form geben und mit dem restlichen Parmesan bestreuen. Mit Alufolie abdecken und 30 Minuten backen. Die Folie entfernen und noch 15 Minuten überbacken, bis die Lasagne heiß ist. Vor dem Servieren auf einem Kuchengitter 10 Minuten abkühlen lassen.

Für 6–8 Personen

Fischauflauf mit Ei

Variationen auf Seite 71

Schellfisch kommt in der Nordsee und im Nordatlantik vor. Mit nur ½ g Fett pro 100 g Fleisch gehört er zu den Magerfischen.

700 g geräuchertes Schellfischfilet
100 g Butter
1 Zwiebel, gehackt
¾ TL Madras-Currypulver
225 g Basmati-Reis
3 mittelgroße Eier, hart gekocht und gehackt
3 EL fein gehackter frischer Koriander
1 EL frisch gepresster Limettensaft
Salz und frisch gemahlener schwarzer Pfeffer nach Geschmack

In einem großen Topf den Fisch mit 450 ml Wasser zum Kochen bringen. Die Temperatur reduzieren und abgedeckt 8 Minuten leicht köcheln lassen. Den Fisch herausheben, auf einen Teller legen und mit Alufolie abdecken. Die Garflüssigkeit in eine Schüssel gießen.

In demselben Topf 50 g Butter zerlassen und die Zwiebel darin 5 Minuten glasig dünsten. Das Currypulver einrühren. Reis und Kochflüssigkeit vom Fisch zufügen und nochmals umrühren. Abgedeckt bei niedriger Temperatur 15 Minuten köcheln lassen, bis der Reis gar ist. Inzwischen vom Fisch die Haut ablösen und das Fleisch mit einer Gabel zerpflücken.

Den gegarten Reis vom Herd nehmen. Zerpflückten Fisch, gehackte Eier, Koriander, Limettensaft und restliche Butter unterrühren. Den Deckel schräg auflegen und bei sehr niedriger Temperatur (bei einem Elektroherd reicht die Restwärme der Platte) 5 Minuten erwärmen. Vom Herd nehmen, mit einer Gabel auflockern und mit Salz und Pfeffer abschmecken.

Für 4 Personen

Überbackene Cannelloni

Variationen auf Seite 72

Diesen Klassiker aus Italien kann man mit verschiedenen Füllungen zubereiten. Dies ist das traditionelle Rezept. Probieren Sie auch einmal die Varianten mit Meeresfrüchten.

450 g mageres Rinderhackfleisch
1 Knoblauchzehe, fein gehackt
225 g Ricotta
175 g Parmesan, frisch gerieben
1 Ei
1 TL getrocknetes Basilikum (oder 3 EL frisch gehacktes Basilikum)
1 Prise frisch geriebene Muskatnuss
Salz und frisch gemahlener schwarzer Pfeffer nach Geschmack
12 Cannelloni
35 g Butter, plus etwas mehr zum Einfetten
35 g Mehl
450 ml Milch

Den Backofen auf 175 °C vorheizen. Hackfleisch und Knoblauch in einer Pfanne bei mittlerer Temperatur etwa 7 Minuten anbräunen. Das Fett abgießen und die Mischung in eine Schüssel füllen. Ricotta, die Hälfte des Parmesans, Ei, Basilikum, etwas Muskatnuss, Salz und Pfeffer zugeben. Gut verrühren und beiseitestellen. In einem Topf leicht gesalzenes Wasser aufkochen. Die Nudeln darin nach Packungsanweisung garen, bis sie al dente sind. Abgießen.

Für die Sauce die Butter bei niedriger Temperatur in einem Topf zerlassen. Das Mehl darin 2 Minuten anschwitzen. Vom Herd nehmen und die Milch unterrühren. Wieder auf den Herd stellen und unter ständigem Rühren mit einem Schneebesen 10 Minuten eindicken. Vom Herd nehmen und mit restlicher Muskatnuss, Salz und Pfeffer würzen. Die Cannelloni mit der Fleischmischung füllen und in eine eingefettete, große rechteckige Auflaufform (23 cm x 33 cm) legen. Mit der Sauce übergießen und mit dem restlichen Parmesan bestreuen. 20–25 Minuten überbacken, bis die Cannelloni heiß sind und eine goldbraune Kruste haben.

Für 4–6 Personen

Gemüseauflauf mit Muschelnudeln

Variationen auf Seite 73

Zu diesem leckeren Auflauf passen ein leichter Salat und knuspriges Brot.

Butter, zum Einfetten
225 g Muschelnudeln
4 EL Olivenöl
2 Knoblauchzehen, fein gehackt
800 g ganze Tomaten aus der Dose (mit Saft)
50 g Tomatenmark
Salz und frisch gemahlener schwarzer Pfeffer nach Geschmack
4 grob zerpflückte frische Basilikumblätter
1 TL fein gehackter frischer Oregano
1 TL fein gehackter frischer Thymian
100 g Zwiebeln, in dünne Ringe geschnitten
225 g Auberginen, klein gewürfelt
225 g Zucchini, klein gewürfelt
2 Eier, leicht verquirlt
125 g Naturjoghurt

Den Backofen auf 175 °C vorheizen. Eine Auflaufform mit etwas Butter einfetten. In einem großen Topf mit kochendem Salzwasser die Nudeln nach Packungsanweisung garen, bis sie al dente sind. Abtropfen lassen und beiseitestellen. 2 Esslöffel Olivenöl in einem Topf bei mittlerer Temperatur erhitzen. Den Knoblauch etwa 4 Minuten darin hellbraun anbraten. Tomaten und Tomatenmark zufügen, die Tomaten grob zerkleinern. Das Tomatenmark sorgfältig unterrühren. Salzen und pfeffern. Basilikum, Oregano und Thymian einrühren und alles bei niedriger Temperatur 10 Minuten köcheln lassen. In einem zweiten Topf das restliche Öl bei mittlerer bis hoher Temperatur erhitzen. Zwiebeln, Auberginen und Zucchini 5 Minuten weich dünsten. Mit Salz und Pfeffer würzen. In einer Schüssel Eier und Joghurt verrühren. Die Hälfte der Tomatensauce in der Auflaufform verteilen. Auberginen und Zucchini darauf verteilen, darauf die restliche Tomatensauce geben. Mit den Nudeln bedecken und die Joghurtmischung über den Nudeln verteilen. 45 Minuten überbacken, bis die Joghurtsauce sich goldbraun färbt.

Für 4–6 Personen

Variationen

Roter Reistopf mit Rindfleisch

Grundrezept auf Seite 46

Roter Reistopf mit Rindfleisch & Bohnen
Gemäß Grundrezept zubereiten. Mit den Tomaten 1 Dose Kidneybohnen, abgespült und abgetropft, zugeben.

Roter Reistopf mit Rindfleisch, Feta & Oliven
Gemäß Grundrezept zubereiten. Mit den Tomaten 100 g in Scheiben geschnittene schwarze Oliven zugeben. Statt Gouda zerbröselten Feta verwenden.

Reistopf mit Rindfleisch & bunter Paprika
Gemäß Grundrezept zubereiten, aber nur 50 g rote Paprika und zusätzlich je 50 g fein gehackte gelbe und grüne Paprika verwenden.

Scharfer Reistopf mit Rindfleisch
Gemäß Grundrezept zubereiten. Mit den Tomaten ¼ Teelöffel Cayennepfeffer, ½ Teelöffel gemahlenen Kreuzkümmel und 1 Teelöffel Chilipulver zugeben.

Roter Reistopf mit Rindfleisch, Mais & Mozzarella
Gemäß Grundrezept zubereiten. Mit den Tomaten 1 Dose Maiskörner, abgespült und abgetropft, zugeben. Statt geriebenem Gouda die gleiche Menge in Scheiben geschnittenen Mozzarella verwenden.

Variationen

Überbackene Nudeln mit Wurst

Grundrezept auf Seite 46

Scharfe Nudeln mit Wurst

Gemäß Grundrezept zubereiten. Anstelle der milden Wurst eine scharfe Sorte verwenden. Mit den Kräutern 1/4 Teelöffel Chiliflocken zur Sauce geben.

Überbackene Nudeln mit Wurst & gerösteter roter Paprika

Beim Mischen von Nudeln und Sauce 350 g geröstete rote Paprika (aus dem Glas, abgetropft und in Streifen geschnitten) zugeben.

Überbackene Nudeln mit Wurst & Emmentaler

Gemäß Grundrezept zubereiten. Statt Provolone Emmentaler oder einen anderen Käse verwenden.

Überbackene Nudeln mit Wurst & Champignons

Mit Zwiebeln und Knoblauch 225 g gehackte Champignons zugeben.

Überbackene Nudeln mit Auberginen & Mozzarella

Die Wurst weglassen. 900 g Auberginenwürfel mit 2 Teelöffeln Salz mischen und 30 Minuten in einem Durchschlag abtropfen lassen. Trocken tupfen. 100 ml Olivenöl in einem Bräter erhitzen. Die Auberginen portionsweise 5 Minuten anbraten. Auf Küchenpapier abtropfen lassen. Das Bratfett bis auf 2 Esslöffel abgießen. Die Sauce zubereiten. 5 Minuten vor Ende der Garzeit die Auberginen unterrühren. Wie im Grundrezept fortfahren. Den Provolone durch Mozzarella-Scheiben ersetzen.

Variationen

Cannelloni mit Spinat

Grundrezept auf Seite 49

Cannelloni mit Petersilie
Gemäß Grundrezept zubereiten. Den Spinat weglassen. 25 g frisch gehackte Petersilie zur Käsemischung geben.

Cannelloni mit Oregano
Gemäß Grundrezept zubereiten. Den Spinat weglassen. 1 Esslöffel frisch gehackten Oregano zur Käsemischung geben.

Cannelloni mit Fleischsauce
Gemäß Grundrezept zubereiten, aber statt der Tomatensauce eine Fleischsauce verwenden. Dafür 450 g mageres Rinderhackfleisch und 225 g fein gehackte Zwiebeln in einer großen Pfanne etwa 10 Minuten anbraten. Das Fett abgießen. Die Tomaten zufügen und wie im Grundrezept fortfahren.

Cannelloni mit Mozzarella
Gemäß Grundrezept zubereiten. Den körnigen Frischkäse durch die gleiche Menge geriebenen Mozzarella ersetzen.

Cannelloni mit Pilzsauce
Gemäß Grundrezept zubereiten. 225 g in Scheiben geschnittene Champignons mit den Tomaten in den Topf geben.

Variationen

Hähnchenreis

Grundrezept auf Seite 50

Scharfer Hähnchenreis
Gemäß Grundrezept zubereiten. Zum Safranwasser statt mildem Paprikapulver 1 Teelöffel scharfes Paprikapulver geben.

Hähnchenreis mit Peperoni
Gemäß Grundrezept zubereiten. Jede Portion mit 2 Esslöffeln in Scheiben geschnittene, eingelegte Peperoni garnieren.

Hähnchenreis mit Oliven
Gemäß Grundrezept zubereiten. Jede Portion mit 2 Esslöffeln gehackten Oliven mit Paprikafüllung garnieren.

Hähnchenreis mit Petersilie
Gemäß Grundrezept zubereiten. Den Kreuzkümmel weglassen. Das fertige Gericht großzügig mit gehackter Petersilie bestreuen.

Hähnchenreis mit frischem Koriander
Gemäß Grundrezept zubereiten. Jede Portion mit 2 Esslöffeln frisch gehacktem Koriander bestreuen.

Variationen

Cremiger Nudelauflauf

Grundrezept auf Seite 53

Extracremiger Nudelauflauf
Gemäß Grundrezept zubereiten. Die Sauce auf Zimmertemperatur abkühlen lassen und mit einem Stabmixer glatt pürieren. Dann mit den Nudeln mischen.

Cremiger Nudelauflauf mit Sauce hollandaise
Gemäß Grundrezept zubereiten. Mit Zwiebeln und Knoblauch 100 g in Scheiben geschnittene Pilze andünsten. Statt Pesto eine fertige Sauce hollandaise verwenden.

Cremiger Nudelauflauf mit Pesto rosso
Gemäß Grundrezept zubereiten. Das grüne Pesto durch die gleiche Menge Pesto rosso ersetzen.

Cremiger Nudelauflauf mit gerösteter roter Paprika
Gemäß Grundrezept zubereiten. Mit Nudeln und Mozzarella 100 g geröstete, in Streifen geschnittene rote Paprika zur Tomatensauce geben.

Cremiger Nudelauflauf mit körnigem Frischkäse
Gemäß Grundrezept zubereiten. Statt Penne Rigatoni verwenden und den Ricotta durch körnigen Frischkäse ersetzen.

Variationen

Reisauflauf mit Emmentaler

Grundrezept auf Seite 54

Jasminreis-Auflauf mit Emmentaler
Gemäß Grundrezept zubereiten. Dabei den Reis durch Jasmin- oder Basmati-Reis ersetzen.

Reisauflauf mit Champignons & Gruyère
Gemäß Grundrezept zubereiten. 225 g kleine, in Scheiben geschnittene Champignons zugeben und den Emmentaler durch Gruyère ersetzen.

Reisauflauf mit bunten Zwiebeln & Emmentaler
Gemäß Grundrezept zubereiten. Statt der Gemüsezwiebeln 300 g gelbe Zwiebeln, 300 g rote Zwiebeln und 300 g Schalotten verwenden.

Reisauflauf mit Sonnenblumenkernen
Gemäß Grundrezept zubereiten. Vor dem Abdecken und Backen 100 g gehackte Sonnenblumenkerne auf den Auflauf streuen.

Variationen

Lasagne bolognese

Grundrezept auf Seite 57

Leichte Lasagne bolognese
Gemäß Grundrezept zubereiten. Das Rinderhackfleisch durch Tatar ersetzen, den Ricotta durch fettarmen, körnigen Frischkäse. Fettreduzierten Mozzarella verwenden.

Schnelle Lasagne bolognese
Die ersten 7 Zutaten weglassen. Fertige Hackfleischsauce und Lasagneblätter, die nicht vorgegart werden müssen, verwenden.

Lasagne mit Mortadella
Gemäß Grundrezept zubereiten. Dabei das Rinderhackfleisch durch die gleiche Menge milde italienische Wurst, gehäutet und in kleine Stücke geschnitten, ersetzen.

Vegetarische Lasagne
Gemäß Grundrezept zubereiten, aber ohne Rinderhackfleisch. Zwiebeln und Knoblauch in 2 Esslöffeln Olivenöl andünsten. 100 g gehackte Karotten und 50 g gehackte Selleriestangen mitdünsten. 450 g gehackten, frischen Spinat und 1 verquirltes Ei zur Ricotta-Mischung geben.

Variationen

Fischauflauf mit Ei

Grundrezept auf Seite 58

Fischauflauf mit Ei & Mango
Gemäß Grundrezept zubereiten. Jede Portion mit 2 Scheiben frischer Mango und 2 Esslöffeln fertigem Mango-Chutney anrichten.

Fischauflauf mit Ei & Joghurt
Gemäß Grundrezept zubereiten, aber ohne Koriander. 3 Esslöffel gehackten Koriander mit 250 g Naturjoghurt verrühren und auf jede Portion einen Löffel davon geben.

Forellenauflauf mit Ei
Gemäß Grundrezept zubereiten. Den Schellfisch durch die gleiche Menge geräucherte Forellenfilets ersetzen.

Lachsauflauf mit Ei
Gemäß Grundrezept zubereiten. Den geräucherten Schellfisch durch die gleiche Menge pochierten, frischen Lachs ersetzen. Den Lachs in 450 ml Wasser je nach Dicke der Filets 3–5 Minuten gar ziehen lassen. Wenn der Fisch an der dicksten Stelle nicht mehr glasig ist, ist er gar.

Variationen

Überbackene Cannelloni

Grundrezept auf Seite 61

Überbackene Cannelloni mit Krebsfüllung
Gemäß Grundrezept zubereiten. Statt Rinderhackfleisch 450 g Krebsfleisch verwenden. Den Knoblauch weglassen.

Überbackene Cannelloni mit Spinat
Gemäß Grundrezept zubereiten. Rinderhackfleisch und Knoblauch durch 450 g gehackten, frischen Spinat ersetzen.

Überbackene Cannelloni mit Garnelen
Gemäß Grundrezept zubereiten. Rinderhackfleisch und Knoblauch durch 450 g gegartes, klein gehacktes Garnelenfleisch ersetzen.

Überbackene Cannelloni mit Schinken
Gemäß Grundrezept zubereiten. Rinderhackfleisch und Knoblauch durch 150 g gehackten geräucherten Schinken ersetzen.

Variationen

Gemüseauflauf mit Muschelnudeln

Grundrezept auf Seite 62

Gemüseauflauf mit Muschelnudeln & Lammhackfleisch
Gemäß Grundrezept zubereiten. 450 g Lammhackfleisch mit dem Knoblauch anbraten, abtropfen lassen, zur Tomatensauce geben und wie im Grundrezept fortfahren.

Gemüseauflauf mit Muschelnudeln & Rinderhackfleisch
Gemäß Grundrezept zubereiten. 450 g mageres Rinderhackfleisch mit dem Knoblauch anbraten, abtropfen lassen, zur Tomatensauce geben und wie im Grundrezept fortfahren.

Gemüseauflauf mit Makkaroni
Gemäß Grundrezept zubereiten. Anstelle der Muschelnudeln die gleiche Menge Makkaroni verwenden.

Gemüseauflauf mit Muschelnudeln & Béchamelsauce
Statt der Joghurtmischung 175 g Béchamelsauce verwenden. Dafür 1 Esslöffel Butter bei mittlerer Temperatur in einem Topf zerlassen. 1 Esslöffel Mehl zufügen und zu einer Paste verrühren. Anschwitzen und vom Herd nehmen. 225 ml Milch mit dem Schneebesen einrühren. Den Topf wieder auf den Herd stellen und die Mischung unter ständigem Rühren aufkochen. 2–3 Minuten kochen, bis die Sauce eindickt. Vom Herd nehmen, mit je einer Prise Salz und Muskatnuss würzen. Über die Nudeln geben und überbacken.

Feine Küche

Gerichte aus einem Topf sind sehr vielseitig und können durchaus fein sein. Probieren Sie es einmal aus. Sie werden viel Zeit in der Küche sparen – Zeit, die Sie mit Ihren Gästen verbringen können. Rustikale Klassiker begeistern, wenn man sie mit edlen Zutaten zubereitet.

Edle Paella

Variationen auf Seite 91

Diese Paella ist so köstlich wie eine authentische Paella, aber einfacher zuzubereiten. Statt in einer Paella-Pfanne wird sie auf dem Herd im Bräter zubereitet.

3 EL Olivenöl
1 EL Zwiebel, fein gehackt
$^1/_4$ TL gemahlene Kurkuma
$^1/_4$ TL mildes Delikatess-Paprikapulver
1 Prise Safran
225 g rohe Garnelen, ausgelöst und Darmfaden entfernt
225 g Jakobsmuscheln, ausgelöst
1 Tomate, gehackt
1 Knoblauchzehe, fein gehackt
450 ml Fischfond
225 g Parboiled-Reis oder Paella-Reis
6 Miesmuscheln, abgebürstet und Bärte entfernt
1 rote Paprika, in Streifen geschnitten
Salz und frisch gemahlener Pfeffer
25 g fein gehackte frische Petersilie, zum Garnieren

Das Olivenöl in einem Bräter bei mittlerer Temperatur erhitzen. Die Zwiebel darin 4 Minuten glasig dünsten. Kurkuma, Paprikapulver und Safran zugeben und 1 Minute mitdünsten.

Garnelen, Jakobsmuscheln, Tomate und Knoblauch zugeben und unter häufigem Rühren 5 Minuten mitgaren. Auf hohe Temperatur schalten, den Fischfond zugießen und zum Kochen bringen. Den Reis einrieseln lassen, umrühren und auf niedrige Temperatur umschalten. Abgedeckt 15 Minuten garen. Umrühren, Muscheln und rote Paprika auf den Reis legen und weitere 5–10 Minuten bei geschlossenem Deckel garen, bis sich die Muscheln geöffnet haben und die Paprika bissfest ist. Geschlossene Muscheln aussortieren. 2 Minuten ohne Deckel ruhen lassen, dann abschmecken. Mit gehackter Petersilie servieren.

Für 2 Personen

Kalbshaxe nach Mailänder Art

Variationen auf Seite 92

Dieses italienische Gericht – Ossobuco – ist nach dem verwendeten Markknochen benannt. Bestellen Sie beim Metzger große, fleischige Beinscheiben vom Kalb.

4 große Beinscheiben vom Kalb à 300 g
35–70 g Mehl
25 g Butter
1 EL Olivenöl
½ große Zwiebel, fein gehackt
1 Selleriestange, gewürfelt
1 Karotte, gewürfelt
100 ml Weißwein
400 g ganze Tomaten aus der Dose (mit Saft)
2 Knoblauchzehen, fein gehackt
1 EL fein gehackte frische Petersilie, plus 25 g mehr zum Garnieren
¼ TL getrocknetes Bohnenkraut
¼ TL getrockneter Rosmarin, zerrieben
350 ml Hühnerbrühe
Salz und frisch gemahlener schwarzer Pfeffer nach Geschmack
abgeriebene Schale von einer ½ Zitrone, zum Garnieren

Den Backofen auf 160 °C vorheizen. Die Beinscheiben leicht mit Mehl bestäuben. Die Hälfte der Butter und das Öl im Bräter erhitzen und die Beinscheiben rundherum 10–12 Minuten anbraten. Auf einen Teller legen und beiseitestellen. Die restliche Butter im Bräter zerlassen. Zwiebel, Sellerie und Karotte etwa 5 Minuten andünsten, bis die Zwiebel glasig und Sellerie und Karotte weich sind. Den Weißwein zugießen und etwas einkochen. Tomaten, Knoblauch, Petersilie, Bohnenkraut, Rosmarin und Hühnerbrühe zufügen und alles auf hoher Temperatur aufkochen. Die Beinscheiben in einer Lage in die Sauce legen und die Temperatur reduzieren. Den Bräter abdecken und in den Ofen schieben. 2–2½ Stunden garen, bis das Fleisch so zart ist, dass es vom Knochen fällt. Falls nötig, nach 1½ Stunden bis zu 100 ml Hühnerbrühe nachgießen. Abschmecken und mit Petersilie und Zitronenschale bestreuen.

Für 4 Personen

Französischer Hähnchentopf

Variationen auf Seite 93

Hier greift jeder gern zweimal zu. Servieren Sie dazu einen grünen Salat und knuspriges Baguette zum Auftunken der würzigen Sauce.

70 g Mehl
1 ½ TL Salz
¼ TL frisch gemahlener schwarzer Pfeffer
1 küchenfertige Poularde, 1,4–1,6 kg, in 8 Stücke geschnitten
6 dicke Scheiben Frühstücksspeck
6 Perlzwiebeln, geschält
2 Knoblauchzehen, fein gehackt
100 g Selleriestangen, grob gehackt
225 g Karotten, grob gehackt
225 g Champignons, in Scheiben geschnitten
225 ml Hühnerbrühe
225 ml trockener Weißwein
½ TL getrockneter Thymian
1 Lorbeerblatt
2 EL fein gehackte frische glatte Petersilie

In einer Schüssel das Mehl mit 1 Teelöffel Salz und dem Pfeffer vermengen. Das Hühnerfleisch abspülen und mit Küchenpapier trocken tupfen. Die Teile gleichmäßig mit dem gewürzten Mehl bestäuben. Beiseitestellen. In einem großen Bräter oder Schmortopf mit Deckel den Frühstücksspeck bei mittlerer bis hoher Temperatur knusprig braten. Auf einen mit Küchenpapier ausgelegten Teller legen und abtropfen lassen. Das Hähnchenfleisch rundherum im Speckfett anbraten. Zwiebeln, Knoblauch, Sellerie, Karotten und Pilze zufügen und unter gelegentlichem Rühren anbraten, bis die Zwiebeln weich sind. Das Fett aus dem Bräter abgießen. Den Speck zerkrümeln und zu Fleisch und Gemüse geben. Hühnerbrühe, Wein, das restliche Salz, Thymian, Lorbeerblatt und Petersilie zugeben. Auf niedriger Temperatur im abgedeckten Bräter 1 Stunde schmoren, bis das Fleisch gar ist. Vor dem Servieren das Lorbeerblatt herausnehmen.

Für 4 Personen

Rinderschmortopf mit Rotwein

Variationen auf Seite 94

Sparen Sie nicht an der falschen Stelle, denn das Aroma dieses klassischen Schmorgerichts aus Frankreich steht und fällt mit der Qualität des Rotweins, den Sie verwenden.

4 dicke Scheiben Frühstücksspeck
1,4 kg Rinderschmorfleisch, in 2,5 cm große Würfel geschnitten
Salz und frisch gemahlener schwarzer Pfeffer nach Geschmack
50 g Mehl
4 Zwiebeln, in Ringe geschnitten
2 Knoblauchzehen, fein gehackt
450 g Champignons, in Scheiben geschnitten
1 EL Tomatenmark
700 ml Rinderbrühe
750 ml Rotwein, z. B. Burgunder
½ Selleriestange
je 4 Zweige frische Petersilie und frischer Thymian
2 Lorbeerblätter

In einem Bräter mit Deckel den Speck bei mittlerer bis hoher Temperatur knusprig braten. Auf Küchenpapier abtropfen lassen. Das Rindfleisch mit Küchenpapier trocken tupfen, mit Salz und Pfeffer würzen und gleichmäßig mit dem Mehl bestäuben. Das Fleisch im Speckfett rundum anbraten. In eine separate Schüssel umfüllen. Zwiebeln, Knoblauch und Pilze etwa 5 Minuten im Bräter dünsten, bis die Zwiebeln glasig sind. Die Zwiebelmischung in eine separate Schüssel füllen. Das Tomatenmark im Bräter 1 Minute unter Rühren erhitzen.

Den Speck zerkrümeln und zusammen mit dem Fleisch wieder in den Bräter geben. Brühe und Rotwein zugießen. Sellerie, Petersilie, Thymian und Lorbeerblätter zusammenbinden und zum Fleisch geben. Alles 3½–4 Stunden bei niedriger Temperatur schmoren, bis das Fleisch zart ist. Die Zwiebelmischung wieder in den Bräter geben und 10 Minuten mitgaren. Vor dem Servieren das Kräuterbündel entfernen und das Fett von der Oberfläche abschöpfen.

Für 6–8 Personen

Kaninchen in Weißwein

Variationen auf Seite 95

Wer noch nie Kaninchen zubereitet hat, sollte es mit diesem unkomplizierten Rezept versuchen. Lassen Sie sich das Fleisch beim Metzger in Stücke schneiden.

70 g Mehl
Salz
¼ TL frisch gemahlener schwarzer Pfeffer
1 Kaninchen, ca. 1,4 kg, in 6 Stücke geteilt
2 EL Olivenöl
225 g Schalotten, geschält
4 Knoblauchzehen, geschält
450 g neue Kartoffeln
1 Flasche trockener Weißwein
2 Lorbeerblätter
2 EL frisch gehackter Schnittlauch, zum Garnieren

In einer kleinen Schüssel das Mehl mit ½ Teelöffel Salz und Pfeffer vermischen. Das Fleisch abspülen und mit Küchenpapier trocken tupfen. Die Teile gleichmäßig mit dem gewürzten Mehl bestäuben. Beiseitestellen.

In einem großen Bräter das Öl bei mittlerer bis hoher Temperatur erhitzen. Die Kaninchenteile von jeder Seite 5 Minuten anbraten. Auf einen Teller legen und beiseitestellen. Auf mittlere Temperatur umschalten. Die Schalotten in den Bräter geben, mit Salz bestreuen und 5 Minuten glasig dünsten. Den Knoblauch zugeben und 3 Minuten mitdünsten. Kartoffeln und Kaninchenteile in den Bräter geben. Den Wein zugießen, umrühren und die Lorbeerblätter zufügen. Zum Kochen bringen, dann auf niedrige Temperatur umschalten. Abgedeckt bis zu 3 Stunden schmoren, bis das Fleisch gar, aber noch saftig ist. Die Lorbeerblätter entfernen. Zum Servieren mit dem Schnittlauch bestreuen.

Für 4 Personen

Hummer mit Spinat

Variationen auf Seite 96

Mit diesem feinen Gericht werden Sie Bewunderung ernten. Köstlich als edle Beilage oder als Vorspeise zu getoastetem Baguette.

40 g Butter, plus etwas mehr zum Einfetten
450 g gegartes Hummerfleisch, in mundgerechte Stücke geschnitten
2 EL Mehl
225 g Crème double (alternativ können Sie auch Mascarpone und Schlagsahne im Verhältnis 1 : 1 mischen)
100 g Parmesan, frisch gerieben
Salz und frisch gemahlener schwarzer Pfeffer nach Geschmack
275 g Spinat, tiefgefroren, aufgetaut und abgetropft
225 g Mozzarella, gerieben
50 g Semmelbrösel

Den Backofen auf 175 °C vorheizen. Eine flache Auflaufform mittlerer Größe mit etwas Butter einfetten. Das Hummerfleisch in einer Lage auf dem Boden verteilen. In einem mittelgroßen Topf die Butter bei mittlerer Temperatur zerlassen. Das Mehl zufügen und die Mischung unter ständigem Rühren erhitzen. 1 Minute unter Rühren anschwitzen, dann vom Herd nehmen. Die Crème double einrühren und wieder auf den Herd stellen. Die Sauce unter ständigem Rühren aufkochen und 1–2 Minuten kochen, bis sie eindickt. Die Hälfte des Parmesans einrühren. Mit Salz und Pfeffer abschmecken, dann vom Herd nehmen.

Ein feines Sieb mit Küchenpapier auslegen, den Spinat hineingeben und leicht ausdrücken. Den Spinat auf dem Hummerfleisch verteilen. Mit der Sahnesauce übergießen und den Mozzarella darüber verteilen. Dann mit dem restlichen Parmesan und den Semmelbröseln bestreuen. 20 Minuten überbacken, bis die Sauce brodelt und die Kruste goldbraun wird.

Für 4–6 Personen als Zwischengang

Wildreisgratin mit Garnelen

Variationen auf Seite 97

Wildreis besteht aus langen, dünnen, schwarzen Körnern.

75 g Butter, plus etwas mehr zum Einfetten
225 g Reismischung mit Wildreis
1/2 TL Salz, nach Geschmack auch mehr
450 g rohe Garnelen, ausgelöst und Darmfaden entfernt
100 g Zwiebeln, fein gehackt
100 g gelbe Paprika, gewürfelt
35 g Mehl
1/4 TL frisch gemahlener Pfeffer
450 ml Milch
225 g alter Gouda, gerieben

Den Backofen auf 175 °C vorheizen. Eine mittelgroße Auflaufform mit etwas Butter einfetten. Den Reis nach Packungsanweisung kochen, dabei aber 50 ml weniger Wasser verwenden. Abtropfen lassen und beiseitestellen. In einem mittelgroßen Topf 450 ml Wasser mit dem Salz aufkochen. Die Garnelen 1 Minute darin garen, abtropfen lassen und beiseitestellen. 50 g Butter in einem Topf zerlassen. Zwiebeln und Paprika etwa 5 Minuten dünsten, bis die Zwiebeln glasig sind. Beiseitestellen.

In einem großen Topf die restliche Butter bei mittlerer Temperatur zerlassen. Mehl, Salz nach Geschmack und den Pfeffer zugeben. Glatt rühren und die Mischung unter ständigem Rühren erhitzen, bis sie Blasen wirft. 1 Minute unter Rühren anschwitzen, dann vom Herd nehmen. Die Milch einrühren und alles unter ständigem Rühren aufkochen. 1–2 Minuten kochen, bis die Sauce eindickt. Dann drei Viertel des Käses einrühren. Vom Herd nehmen. Reis, Garnelen, Zwiebeln und Paprika in die Sauce rühren. Alles in die eingefettete Form gießen, mit dem restlichen Käse bestreuen und 30 Minuten überbacken, bis die Sauce brodelt.

Für 6–8 Personen

Risotto mit Schinken & Parmesan

Variationen auf Seite 98

Cremiger Reis, würziger Schinken und duftendes Basilikum: eine milde, aber raffinierte Kombination.

- 1 EL Butter
- 100 ml Olivenöl
- 100 g Zwiebeln, fein gehackt
- 1 Knoblauchzehe, fein gehackt
- 100 g milder Schinkenspeck (z. B. Pancetta) in dünnen Scheiben, grob gehackt
- 300 g Risottoreis (z. B. Arborio)
- 175 ml trockener Weißwein
- 1 l Hühnerbrühe
- Salz und frisch gemahlener schwarzer Pfeffer nach Geschmack
- 150 g Parmesan, frisch gerieben
- 6 zerpflückte frische Basilikumblätter, zum Garnieren

In einem Bräter Butter und Öl bei mittlerer Temperatur erhitzen. Zwiebeln, Knoblauch und Schinken unter ständigem Rühren etwa 5 Minuten andünsten, bis die Zwiebeln glasig sind. Den Reis zufügen und umrühren, bis die Körner mit Butter und Öl überzogen sind. Den Bräter vom Herd nehmen, den Wein und 225 ml Hühnerbrühe zugießen. Wieder auf den Herd stellen und unter häufigem Rühren 10–15 Minuten leicht köcheln lassen. Wenn die Flüssigkeit fast aufgesogen ist, wieder 225 ml Brühe zugeben. Unter häufigem Rühren so fortfahren, bis die ganze Brühe verbraucht ist. Der Reis soll gar und der Risotto cremig sein. Vom Herd nehmen, mit Salz und Pfeffer würzen und 100 g Parmesan unterrühren. Mit zerpflücktem Basilikum garnieren und mit dem restlichen Parmesan servieren.

Für 2 Personen als Hauptgericht, für 3–4 Personen als Zwischengang

Lammtopf mit Karotten

Variationen auf Seite 99

Am besten schmeckt das Gericht im Frühling, wenn es Fleisch von jungen Lämmern gibt. Dazu passen neue Kartoffeln mit Butter und Petersilie.

900 g entbeinte Lammkeule, in 5 cm große Würfel geschnitten
Salz und frisch gemahlener schwarzer Pfeffer nach Geschmack
40 g Mehl
2 EL Olivenöl
1 TL Zucker
1 große Zwiebel, in 8 Spalten geschnitten
1 Knoblauchzehe, fein gehackt
4 Karotten, grob gehackt
225 ml Hühnerbrühe
1 Zweig frischer Thymian

Das Fleisch mit Küchenpapier trocken tupfen. Mit Salz und Pfeffer würzen. Gleichmäßig mit dem Mehl bestäuben. Das Öl in einem großen Topf bei mittlerer bis hoher Temperatur erhitzen. Das Fleisch von jeder Seite 4 Minuten anbraten. Vor dem Wenden die Stücke mit etwas Zucker bestreuen, damit sie stellenweise eine schöne Kruste bekommen. Das Fleisch in eine Schüssel füllen. Zwiebel, Knoblauch und Karotten in dem Topf etwa 3 Minuten dünsten, bis die Zwiebel weich wird. Das Fleisch wieder in den Topf geben.

Hühnerbrühe und Thymian zufügen. Zum Kochen bringen, den Deckel auflegen und auf mittlere bis niedrige Temperatur umschalten. 1–1½ Stunden schmoren, bis das Fleisch gar ist. Das Fett abschöpfen und das Gericht servieren.

Für 4 Personen

Variationen

Edle Paella

Grundrezept auf Seite 75

Edle Paella mit Tintenfisch
Gemäß Grundrezept zubereiten. Die Jakobsmuscheln durch kleine, ganze Tintenfische ersetzen.

Edle Paella mit Huhn
Gemäß Grundrezept zubereiten. Die Jakobsmuscheln durch 225 g gewürfeltes Hähnchenkeulenfleisch ohne Haut ersetzen.

Edle Paella mit Artischocken
Gemäß Grundrezept zubereiten. Vor den Muscheln 1 Dose abgetropfte und grob gehackte Artischockenherzen zugeben.

Edle Paella mit Erbsen
Gemäß Grundrezept zubereiten. Vor den Muscheln 225 g Erbsen zufügen.

Edle Paella mit Venusmuscheln
Gemäß Grundrezept zubereiten. Die Garnelen durch die gleiche Menge kleiner Venusmuscheln mit Schale ersetzen.

Variationen

Kalbshaxe nach Mailänder Art

Grundrezept auf Seite 76

Kalbshaxe nach Mailänder Art mit Oliven
Gemäß Grundrezept zubereiten. Mit den Tomaten 100 g entsteinte, halbierte schwarze Oliven zufügen.

Kalbshaxe nach Mailänder Art mit Champignons
Gemäß Grundrezept zubereiten. Kurz vor dem Servieren 225 g gedünstete Champignons unterrühren. Dazu die Pilze vierteln und in einer Pfanne in 1 Esslöffel Butter anbraten. Mit Salz, Pfeffer und 1 Prise Thymian würzen und dünsten, bis die Pilze beginnen, Flüssigkeit abzugeben. Vom Herd nehmen.

Kalbshaxe nach Mailänder Art mit Petersilie
Gemäß Grundrezept zubereiten, aber Petersiliengarnitur und Zitrone weglassen. Dafür 2 Esslöffel gehackte Petersilie, 2 Esslöffel gehackten Knoblauch und 1 Esslöffel abgeriebene Zitronenschale mischen. Jede Portion mit etwas von diesem Petersiliengewürz bestreuen.

Kalbshaxe nach Mailänder Art mit Paprika
Gemäß Grundrezept zubereiten. Mit Sellerie und Karotte 100 g gehackte rote Paprika zufügen.

Kalbshaxe nach Mailänder Art mit Rotwein
Gemäß Grundrezept zubereiten, aber den Weißwein durch Rotwein ersetzen.

Französischer Hähnchentopf

Grundrezept auf Seite 79

Französischer Hähnchentopf mit Rotwein
Gemäß Grundrezept zubereiten, aber den Weißwein durch die gleiche Menge Rotwein ersetzen.

Französischer Hähnchentopf mit Zwiebeln
Gemäß Grundrezept zubereiten. Die Perlzwiebeln durch 6–8 ganze, geschälte Cipollini-Zwiebeln ersetzen.

Französischer Hähnchentopf mit Morcheln
Gemäß Grundrezept zubereiten. Die Champignons durch die gleiche Menge Morcheln ersetzen. Wer keine frischen Morcheln bekommt, kann getrocknete verwenden. Dann aber genug Zeit zum Einweichen einplanen und die Pilze vor der Verwendung gründlich säubern.

Französischer Hähnchentopf mit Sekt
Gemäß Grundrezept zubereiten. Dabei den Weißwein durch Sekt oder Champagner ersetzen.

Französischer Hähnchentopf mit Weinbrand
Gemäß Grundrezept zubereiten. Nach dem Anbraten des Fleischs 175 ml Weinbrand zugießen.

Variationen

Rinderschmortopf mit Rotwein

Grundrezept auf Seite 80

Rinderschmortopf mit Rotwein & Karotten
Gemäß Grundrezept zubereiten. Mit den Champignons 2 Karotten in Scheiben zugeben.

Rinderschmortopf mit Rotwein & braunen Champignons
Gemäß Grundrezept zubereiten. Anstelle weißer Champignons grob gehackte braune Champignons verwenden.

Rinderschmortopf mit Rotwein & Schinken
Gemäß Grundrezept zubereiten. Den Frühstücksspeck durch 225 g gewürfelten Schinken ersetzen.

Wildschmortopf mit Rotwein
Gemäß Grundrezept zubereiten, aber statt Rindfleisch die gleiche Menge Reh- oder Hirschfleisch verwenden.

Rinderschmortopf mit Rotwein & Erbsen
Gemäß Grundrezept zubereiten. Wenn die Zwiebeln und Pilze wieder in den Bräter gegeben werden, 100 g kleine Erbsen (frisch oder aus der Dose) zufügen.

Variationen

Kaninchen in Weißwein

Grundrezept auf Seite 83

Kaninchen in Rotwein
Gemäß Grundrezept zubereiten. Den Weißwein durch die gleiche Menge Rotwein ersetzen.

Kaninchen in Champagner
Gemäß Grundrezept zubereiten. Den Weißwein durch die gleiche Menge Champagner oder Sekt ersetzen.

Kaninchen in Weißwein mit Dill
Gemäß Grundrezept zubereiten. Den Schnittlauch durch die gleiche Menge frisch gehackten Dill ersetzen.

Hähnchen in Weißwein
Gemäß Grundrezept zubereiten. Anstelle von Kaninchen ein küchenfertiges fleischiges Hähnchen (etwa 1,4 kg, in 8 Teile geschnitten) verwenden.

Kaninchen in Weißwein mit Pesto
Gemäß Grundrezept zubereiten. Anstelle von Schnittlauch für jede Portion 1 Teelöffel Pesto verwenden.

Variationen

Hummer mit Spinat

Grundrezept auf Seite 84

Krebse mit Spinat
Gemäß Grundrezept zubereiten. Statt Hummer Krebsfleisch verwenden.

Jakobsmuscheln mit Spinat
Gemäß Grundrezept zubereiten, jedoch mit 450 g Jakobsmuscheln anstelle des Hummers. Vorbereitung der Muscheln: In einem großen Topf Wasser aufkochen, die Muscheln zugeben und 2 Minuten kochen. Mit einem Schaumlöffel herausnehmen und mit Küchenpapier trocken tupfen.

Hummer mit Spinat & frischem Basilikum
Gemäß Grundrezept zubereiten. Die Semmelbrösel mit 2 Esslöffeln frisch gehacktem Basilikum mischen, ehe sie über das Gericht gestreut werden.

Hummer mit Spinat & glatter Petersilie
Gemäß Grundrezept zubereiten. Die Semmelbrösel mit 25 g frisch gehackter Petersilie mischen, ehe sie über die Käsesauce gestreut werden.

Wildreisgratin mit Garnelen

Grundrezept auf Seite 87

Naturreisgratin mit Garnelen
Gemäß Grundrezept zubereiten. Den Wildreis durch die gleiche Menge Naturreis ersetzen. Den Naturreis gemäß Packungsanweisung garen.

Wildreisgratin mit Garnelen und Brokkoli
Gemäß Grundrezept zubereiten. Beim Mischen von Garnelen und Reis 225 g gedämpfte Brokkoliröschen zufügen. Für den Brokkoli einen Topf 2,5 cm hoch mit Wasser füllen und die Röschen in einem Dämpfeinsatz hineinstellen. Das Wasser bei mittlerer Temperatur zum Kochen bringen und den Brokkoli 3–5 Minuten garen, bis er bissfest ist.

Wildreisgratin mit Garnelen & Spargel
Gemäß Grundrezept zubereiten. Beim Mischen von Garnelen und Reis 225 g gedämpften, in Stücke geschnittenen grünen Spargel zufügen. Für den Spargel einen Topf 2,5 cm hoch mit Wasser füllen und die Spargelstücke in einem Dämpfeinsatz hineinstellen. Das Wasser bei mittlerer Temperatur zum Kochen bringen und den Spargel 3–4 Minuten garen, bis er bissfest ist.

Basmati-Gratin mit Garnelen
Gemäß Grundrezept zubereiten. Den Wildreis durch die gleiche Menge Basmati-Reis ersetzen. Den Reis gemäß Packungsanweisung zubereiten.

Variationen

Risotto mit Schinken & Parmesan

Grundrezept auf Seite 88

Risotto mit Schinken, Zucchini & Parmesan
Gemäß Grundrezept zubereiten. Wenn der Reis mit Butter und Öl überzogen ist, 225 g geraspelte Zucchini zufügen und 1 Minute mitdünsten. Dann wie im Grundrezept fortfahren.

Risotto mit Schinken, Wildpilzen & Parmesan
Gemäß Grundrezept zubereiten. Wenn der Reis mit Butter und Öl überzogen ist, 225 g grob gehackte, gemischte Wildpilze zufügen und 2–3 Minuten mitdünsten. Dann wie im Grundrezept fortfahren.

Risotto mit Schinken, Tomate & Parmesan
Gemäß Grundrezept zubereiten. Wenn der Reis mit Butter und Öl überzogen ist, 1 fein gehackte Tomate zugeben und 1 Minute mitdünsten. Dann wie im Grundrezept fortfahren.

Risotto mit Schinken, Mais & Parmesan
Gemäß Grundrezept zubereiten. Nach der letzten Portion Hühnerbrühe 100 g Maiskörner aus der Dose unterrühren.

Lammtopf mit Karotten

Grundrezept auf Seite 90

Lammtopf mit Karotten & Steckrüben
Gemäß Grundrezept zubereiten. Mit den Karotten 225 g gewürfelte Steckrübe zufügen.

Lammtopf mit Karotten & Pastinaken
Gemäß Grundrezept zubereiten. Mit den Karotten 2 grob gehackte Pastinaken zufügen.

Lammtopf mit Karotten & Rosmarin
Gemäß Grundrezept zubereiten. Anstelle des Thymians einen Zweig Rosmarin verwenden.

Lammtopf mit Karotten & Minze
Gemäß Grundrezept zubereiten. Anstelle des Thymians 1 Esslöffel frisch gehackte Minze zugeben.

Fleisch

Es gibt Tage, da hat man einfach Appetit auf eine Extraportion Fleisch. Fleisch vom Schwein, Rind oder Lamm kann Teil einer gesunden, ausgewogenen Ernährung sein und überfordert auch nicht die Haushaltskasse.

Schmorkoteletts mit Fenchel

Variationen auf Seite 117

Zartes Schweinefleisch und würziger Fenchel: eine himmlische Kombination. Dazu schmeckt frisch zubereitetes Kartoffelpüree mit etwas Knoblauch.

3 TL Olivenöl
1 Zwiebel, in Ringe geschnitten
1 große Fenchelknolle, Strunk entfernt, halbiert und in Scheiben geschnitten
2 Selleriestangen, gewürfelt
2 Knoblauchzehen, fein gehackt
800 g ganze Tomaten aus der Dose
100 ml Hühnerbrühe
4 Schweinekoteletts, sichtbares Fett abgeschnitten
2 TL frisch gehackter Thymian, zum Garnieren

Den Backofen auf 175 °C vorheizen. In einem großen, ofenfesten Schmortopf 2 Teelöffel Olivenöl bei mittlerer Temperatur erhitzen. Zwiebel, Fenchel und Sellerie zugeben. Abgedeckt 10 Minuten dünsten, bis das Gemüse weich wird. Gelegentlich umrühren. Den Knoblauch zugeben und eine Minute mitdünsten. Die Tomaten zufügen und grob zerkleinern. Die Hühnerbrühe einrühren und zum Kochen bringen. Vom Herd nehmen.

Das restliche Öl bei hoher Temperatur in einer beschichteten Pfanne erhitzen. Die Koteletts darin von jeder Seite 2 Minuten anbraten. Die Koteletts zum Gemüse geben und das Gericht abgedeckt 1 Stunde im Ofen garen, bis das Fleisch zart ist. Aus dem Ofen nehmen, mit frischem Thymian bestreuen und servieren.

Für 4 Personen

Lammtopf mit grünen Bohnen

Variationen auf Seite 118

Dieses Gericht lässt sich gut vorbereiten und auf dem Herd wieder kurz aufwärmen. Wer die Bohnen gern knackig mag, gibt sie erst in den letzten 10 Minuten zu und gart sie ohne Deckel mit.

2 EL Olivenöl
450 g Lammfleisch, in 2,5 cm große Würfel geschnitten
225 g rote Zwiebeln, fein gehackt
1 EL Butter
2 Knoblauchzehen, fein gehackt
275 g ganze Tomaten aus der Dose (mit Saft)
½ TL Salz
¼ TL getrockneter Oregano
450 ml Wasser
350 g grüne Bohnen

Den Backofen auf 175 °C vorheizen. Das Öl in einem Bräter bei hoher Temperatur erhitzen. Das Fleisch von jeder Seite 4 Minuten anbraten. Die Zwiebeln zugeben und etwa 6 Minuten mitbraten, bis sie hellbraun werden. Butter und Knoblauch zugeben und 2 Minuten mitbraten. Die Tomaten zufügen und grob zerkleinern. Mit Salz und Oregano würzen. Das Wasser zugießen und zum Kochen bringen.

Den Bräter abdecken und in den Ofen schieben. Das Gericht 1 Stunde garen. Aus dem Ofen nehmen, die Bohnen und bei Bedarf etwas Wasser zugeben. Weitere 45 Minuten im Ofen garen. Herausnehmen und abgedeckt 30 Minuten ruhen lassen.

Für 4 Personen

Rinderfilet mit Champignons

Variationen auf Seite 119

Zarte Rindfleischstreifen in cremiger Pilzsauce – einfach unwiderstehlich.

30 g Mehl
½ TL Salz, nach Geschmack auch mehr
¼ TL frisch gemahlener schwarzer Pfeffer, nach Geschmack auch mehr
700 g Rinderfilet, in 5 cm breite Streifen geschnitten
2 EL Olivenöl
50 g Butter
100 g Zwiebeln, in Ringe geschnitten
1 Knoblauchzehe, fein gehackt
450 g kleine Champignons, in Scheiben geschnitten
100 ml Sherry
100 ml Rinderbrühe
25 g frisch gehackte glatte Petersilie, plus 3 EL mehr zum Garnieren
1 EL frisch gepresster Zitronensaft
½ TL mildes Delikatess-Paprikapulver
225 g saure Sahne

In einem tiefen Teller das Mehl mit Salz und Pfeffer mischen. Das Fleisch im gewürzten Mehl wenden. In einem großen Bräter das Öl und die Hälfte der Butter bei mittlerer Temperatur erhitzen. Das Fleisch von beiden Seiten anbraten und auf einen Teller legen. Beiseitestellen.

Die restliche Butter in den Bräter geben. Zwiebeln, Knoblauch und Pilze etwa 3 Minuten anbraten. Das Fleisch wieder zugeben. Sherry, Rinderbrühe, Petersilie, Zitronensaft und Paprikapulver zufügen. Mit Salz und Pfeffer würzen. 5 Minuten köcheln lassen, dann die saure Sahne einrühren und bei mittlerer Temperatur gut durchwärmen. Vom Herd nehmen, mit 3 Esslöffeln Petersilie garnieren und servieren.

Für 6 Personen

Elsässer Sauerkraut

Variationen auf Seite 120

Das Elsass liegt im Osten Frankreichs und grenzt an Deutschland und die Schweiz. Man erkennt leicht den kulinarischen Einfluss dieser drei Länder.

900 g Sauerkraut aus der Dose, abgetropft
60 g Butter
6 dicke Scheiben Frühstücksspeck, gewürfelt
1 Karotte, gewürfelt
1 Zwiebel, in Ringe geschnitten
1 Lorbeerblatt
½ TL getrockneter Thymian
¼ TL frisch gemahlener schwarzer Pfeffer
100 ml trockener Weißwein
450 ml Hühnerbrühe
4 Schweinekoteletts
Salz und frisch gemahlener schwarzer Pfeffer nach Geschmack
8 Schweinebrühwürste

Den Backofen auf 160 °C vorheizen. Das Sauerkraut in einer großen Schüssel mit Wasser bedecken, umrühren und nochmals abtropfen lassen. In einem großen Bräter bei mittlerer Temperatur 40 g Butter zerlassen. Frühstücksspeck, Karotte, Zwiebel, Lorbeerblatt, Thymian und Pfeffer zugeben und 5 Minuten dünsten, bis die Zwiebel glasig ist. Den Wein zugießen, zum Kochen bringen und leicht köchelnd auf die Hälfte einkochen. Hühnerbrühe und Sauerkraut zugeben, umrühren und den Bräter abdecken. Aufkochen, dann in den vorgeheizten Ofen schieben und 1 Stunde garen.

Die restliche Butter in einer Pfanne bei mittlerer Temperatur zerlassen. Die Koteletts salzen und pfeffern, dann von jeder Seite etwa 6 Minuten braten. Mit den Würsten in den Bräter geben, wieder abdecken und das Gericht noch 1 Stunde garen.

Für 4 Personen

Rindfleisch-Enchiladas

Variationen auf Seite 121

Mexikanische Enchiladas sind ideal zum Aufwärmen an kalten Tagen. Entscheiden Sie selbst, wie scharf Sie es mögen.

450 g mageres Rinderhackfleisch
225 g Zwiebeln, fein gehackt
5 EL Chilipulver
2 TL Salz
1 TL Knoblauchpulver
1 Prise Paprikapulver
2½ TL gemahlener Kreuzkümmel
1,3 l Wasser
4 EL Maiskeimöl, plus etwas mehr zum Braten
8 Maismehl-Tortillas, 15 cm Durchmesser
75 g Mehl
Butter, zum Einfetten
250 g alter Gouda, gerieben
250 g Mozzarella, gerieben
saure Sahne, zum Garnieren
gehackte Frühlingszwiebeln, zum Garnieren

Für die Rindfleischfüllung Hackfleisch und Zwiebeln in einem großen Schmortopf mit Deckel bei mittlerer Temperatur anbraten. Überschüssiges Fett abgießen. 2 Esslöffel Chilipulver, ½ Teelöffel Salz, je 1 Prise Knoblauchpulver und Paprikapulver sowie 1 Teelöffel Kreuzkümmel einrühren. 225 ml Wasser zugießen, aufkochen und auf niedrige Temperatur umschalten. Abgedeckt 25 Minuten kochen. Beiseitestellen.

In eine große, hochrandige Pfanne 5 mm hoch Maiskeimöl füllen und erhitzen. Eine Tortilla ins Öl legen und von jeder Seite 5 Sekunden braten. Auf einem mit Küchenpapier ausgeleg-ten Teller abtropfen lassen. Die anderen Tortillas ebenso vorbereiten. Beiseitestellen.

Für die Enchilada-Sauce das Maiskeimöl, restliches Chilipulver, Mehl, restlichen Kreuzkümmel, restliches Knoblauchpulver und Salz in einem mittelgroßen Topf bei mittlerer Temperatur

erhitzen und zu einer glatten Paste verrühren. 1 Liter Wasser zugießen und gut umrühren. Aufkochen, dann auf niedriger Temperatur 4–5 Minuten leicht köcheln lassen, bis die Sauce etwas eindickt. Vom Herd nehmen und einige Minuten abkühlen lassen.

Den Backofen auf 175 °C vorheizen. Eine große Auflaufform mit etwas Butter einfetten. Eine Tortilla in die Enchilada-Sauce tunken, überschüssige Sauce über dem Topf abtropfen lassen. Die Tortilla auf einen Teller legen. Ein Achtel der Rindfleischfüllung und 25 g von jeder Käsesorte daraufgeben. Die Tortilla aufrollen und mit der Naht nach unten in die Form legen. Die anderen Tortillas ebenso füllen. Die Rollen mit der restlichen Enchilada-Sauce übergießen. Das Gericht 20–25 Minuten überbacken, bis die Sauce brodelt. Aus dem Ofen nehmen und mit dem restlichen Käse bestreuen. Mit saurer Sahne und Frühlingszwiebeln garnieren und servieren.

Für 4 Personen

Schweinelende mit Champignonsauce

Variationen auf Seite 122

Durch das langsame Schmoren in Rotwein bekommt das zarte Fleisch viel Charakter.

1 EL Olivenöl
450 g Schweinefleisch aus der Lende, in 2,5 cm große Würfel geschnitten
3 Scheiben Frühstücksspeck, grob gewürfelt
1 Knoblauchzehe, fein gehackt
100 g Schalotten, fein gehackt
100 g Champignons, in Scheiben geschnitten
¼ TL getrockneter Thymian
1 EL fein gehackte frische glatte Petersilie
225 ml Rotwein
Salz und frisch gemahlener schwarzer Pfeffer nach Geschmack

Den Backofen auf 175 °C vorheizen. Das Öl bei mittlerer Temperatur in einem großen Bräter erhitzen. Das Fleisch von jeder Seite etwa 4 Minuten anbraten. Den Speck zufügen und 2 Minuten mitbraten. Fleisch und Speck in eine Schüssel umfüllen und beiseitestellen.

Knoblauch und Schalotten im Bräter etwa 4 Minuten dünsten, bis die Schalotten weich werden. Pilze, Thymian und Petersilie zugeben und 4 Minuten mitdünsten.

Fleisch und Speck wieder in den Bräter geben. Den Rotwein einrühren. Die Mischung kann nun nach Wunsch in 1 mittelgroße oder 2 oder 3 kleine Auflaufformen gefüllt werden. Die Formen in den Ofen schieben und 1½ Stunden ohne Deckel garen. Aus dem Ofen nehmen, durchrühren und mit Salz und Pfeffer abschmecken.

Für 2–3 Personen

Überbackene Polenta mit Schinken

Variationen auf Seite 123

Mit Ratatouille oder gegrilltem Gemüse ist dies ein köstliches Mittagessen.

40 g Butter, plus etwas mehr zum Einfetten
75 g milder Schinkenspeck (z. B. Pancetta), fein gewürfelt
275 g Bratwurst, enthäutet
1,8 l Wasser
350 g feiner Polentagrieß
150 g Mozzarella, in 1 cm große Würfel geschnitten
120 g Parmesan, frisch gerieben

Den Backofen auf 200 °C vorheizen. Eine große Auflaufform (23 cm x 33 cm x 5 cm) mit etwas Butter einfetten. In einer großen Pfanne 1 Esslöffel Butter bei mittlerer bis hoher Temperatur zerlassen. Den Schinken darin etwa 3 Minuten anbraten, bis er knusprig wird. Schinken und ausgebratenes Fett in eine hitzebeständige Schüssel füllen und beiseitestellen. In derselben Pfanne das Wurstbrät 8 Minuten anbraten. Auf einem mit Küchenpapier ausgelegten Teller abtropfen lassen.

Das Wasser in einem großen Topf aufkochen. Den Polentagrieß langsam unter ständigem Rühren einrieseln lassen. Auf niedrige Temperatur umschalten und die Polenta unter sehr häufigem Rühren 20 Minuten kochen, bis sie eindickt und sich vom Topfrand löst. Vom Herd nehmen. Schinken samt Fett, gewürfelten Mozzarella und die restliche Butter einrühren. Die Polenta in die eingefettete Auflaufform füllen, die Bratwürste darauf verteilen und alles mit dem Parmesan bestreuen. 25 Minuten backen, bis die Polenta fest ist.

Für 8 Personen

Rinderschmortopf

Variationen auf Seite 124

Wenn Rindfleisch stundenlang mit Brühe, Wein, Gewürzen und Kräutern schmort, wird es herrlich würzig und zart. Aber Vorsicht: Der verführerische Duft macht es schwierig, die Zeit bis zum Servieren abzuwarten.

2 EL Olivenöl
2 Knoblauchzehen, fein gehackt
900 g Rinderschmorfleisch, in 5 cm große Stücke geschnitten
1½ TL Salz
½ TL frisch gemahlener schwarzer Pfeffer
225 ml kräftiger Rotwein, z. B. Syrah
450 g Karotten, gewürfelt
350 g Zwiebeln, fein gehackt
100 ml Rinderbrühe
1 EL Tomatenmark
¼ TL getrockneter Rosmarin
¼ TL getrockneter Thymian
1 Prise gemahlene Gewürznelken
400 g ganze Tomaten aus der Dose (mit Saft)
1 Lorbeerblatt
500 g Nudeln oder Spätzle

Den Backofen auf 150 °C vorheizen. Das Öl in einem Bräter bei mittlerer Temperatur erhitzen. Den Knoblauch 4 Minuten anbraten, dann herausnehmen und beiseitestellen. Das Fleisch in den Bräter geben, mit ½ Teelöffel Salz und ¼ Teelöffel Pfeffer würzen und bei hoher Temperatur von jeder Seite 4 Minuten anbraten. Herausnehmen und beiseitestellen. Den Wein in den Bräter gießen und aufkochen, dabei den Bratensatz durch Rühren lösen. Knoblauch und Fleisch in den Wein geben. Mit dem restlichen Salz und Pfeffer würzen und alle übrigen Zutaten (außer den Nudeln) zufügen. Aufkochen und gut durchrühren. Das Gericht 2½ Stunden im Ofen garen. Etwa 10 Minuten bevor das Fleisch aus dem Ofen genommen wird, die Nudeln nach Packungsanweisung kochen und das Lorbeerblatt aus der Sauce nehmen.

Für 4–6 Personen

Kalbskoteletts mit Parmesan

Variationen auf Seite 125

Dies ist die vereinfachte, aber nicht minder köstliche Version eines italienischen Klassikers.

25 g Butter, zerlassen
100 g Parmesan, frisch gerieben, plus 2 EL mehr
35 g Mehl
1/2 TL Salz
1/4 TL frisch gemahlener schwarzer Pfeffer
175 g Kondensmilch
4 dicke Kalbskoteletts
225 ml einfache Tomatensauce

Den Backofen auf 175 °C vorheizen. Die zerlassene Butter in eine Auflaufform mittlerer Größe gießen. In einer kleinen Schüssel 2 Esslöffel geriebenen Parmesan, Mehl, Salz und Pfeffer vermischen. 75 g Kondensmilch in einen tiefen Teller gießen. Jedes Kotelett zuerst mit beiden Seiten in die Milch tunken, dann in dem gewürzten Mehl wenden. Die Koteletts nebeneinander in die Form legen und 30 Minuten im Ofen garen.

In einer anderen Schüssel die restliche Kondensmilch mit 100 g Parmesan verrühren. Das Fleisch aus dem Ofen nehmen, mit der Tomatensauce umgießen und mit der Milch-Parmesan-Mischung bestreichen. Wieder in den Ofen schieben und noch 20–25 Minuten überbacken, bis die Sauce brodelt. Das Kalbfleisch sollte im Inneren noch ganz leicht rosa sein.

Für 4 Personen

Schmorkoteletts mit Fenchel

Grundrezept auf Seite 101

Schmorkoteletts mit Fenchel & Minze
Gemäß Grundrezept zubereiten. Den gehackten Thymian durch die gleiche Menge frisch gehackte Minze ersetzen.

Schmorkoteletts mit Fenchel & Äpfeln
Gemäß Grundrezept zubereiten, aber anstelle der Tomaten 225 ml Cidre oder Apfelmost und 225 g geschälte, gewürfelte Äpfel zugeben. 5 Minuten kochen, bis die Äpfel weich werden, dann wie im Grundrezept fortfahren.

Schmorkoteletts mit Fenchel & Champignons
Gemäß Grundrezept zubereiten. Mit Zwiebel, Fenchel und Sellerie zusätzlich 225 g geviertelte Champignons zugeben.

Schmorkoteletts mit Fenchel & Paprika
Gemäß Grundrezept zubereiten. Mit Zwiebel, Fenchel und Sellerie zusätzlich 100 g gewürfelte grüne Paprika zugeben.

Variationen

Lammtopf mit grünen Bohnen

Grundrezept auf Seite 102

Lammtopf mit grünen Bohnen & Feta
Gemäß Grundrezept zubereiten. Jede Portion mit 2 Esslöffeln zerkrümeltem Feta anrichten.

Lammtopf mit Weißkohl
Gemäß Grundrezept zubereiten. Anstelle der grünen Bohnen 450 g grob gehackten Weißkohl verwenden.

Lammtopf mit Erbsen
Gemäß Grundrezept zubereiten, jedoch ohne grüne Bohnen. 10 Minuten vor Ende der Garzeit 450 g Erbsen zufügen.

Lammtopf mit Zucchini
Gemäß Grundrezept zubereiten, aber ohne grüne Bohnen. Mit dem Knoblauch 450 g gewürfelte Zucchini zugeben.

Lammtopf mit grünen Bohnen & Kartoffeln
Gemäß Grundrezept zubereiten. 1 Stunde vor Ende der Garzeit zusätzlich 450 g gewürfelte Kartoffeln zugeben.

Variationen

Rinderfilet mit Champignons

Grundrezept auf Seite 105

Rinderfilet mit Champignons, fettärmere Variante
Gemäß Grundrezept zubereiten, aber die Butter weglassen und die saure Sahne durch 100 ml Buttermilch ersetzen. Jede Portion mit einem 1 Esslöffel fettarmer saurer Sahne oder Vollmilchjoghurt garnieren.

Rinderfilet mit Champignons & körnigem Senf
Gemäß Grundrezept zubereiten. Die saure Sahne mit 2 Esslöffeln körnigem Senf verrühren, ehe sie zum Fleisch gegeben wird.

Hähnchen mit Champignons
Gemäß Grundrezept zubereiten. Das Rindfleisch durch die gleiche Menge Hähnchenbrustfilet ersetzen.

Rinderfilet mit Pfifferlingen
Gemäß Grundrezept zubereiten. Die Champignons durch 250–300 g Pfifferlinge ersetzen.

Rinderfilet mit Champignons & scharfem Paprika
Gemäß Grundrezept zubereiten. Das milde Paprikapulver durch die gleiche Menge scharfes Rosenpaprikapulver ersetzen.

Variationen

Elsässer Sauerkraut

Grundrezept auf Seite 106

Elsässer Sauerkraut mit Kümmel
Gemäß Grundrezept zubereiten. Mit Lorbeerblatt und Thymian 1 Esslöffel ganze Kümmelsamen zugeben.

Elsässer Sauerkraut mit Wacholderbeeren
Gemäß Grundrezept zubereiten. Mit Lorbeerblatt und Thymian 4–6 Wacholderbeeren zugeben.

Elsässer Sauerkraut mit Riesling
Gemäß Grundrezept zubereiten. Einen fruchtigen Riesling verwenden.

Elsässer Sauerkraut mit Schinken
Gemäß Grundrezept zubereiten. Mit Koteletts und Würsten 450 g geräucherten Schinken in den Bräter geben.

Elsässer Sauerkraut mit neuen Kartoffeln
Gemäß Grundrezept zubereiten. Mit Koteletts und Würsten 450 g halbierte neue Kartoffeln in den Bräter geben.

Variationen

Rindfleisch-Enchiladas

Grundrezept auf Seite 108

Hähnchen-Enchiladas
Das Rindfleisch weglassen. Für die Hähnchenfüllung 4 Hähnchenbrustfilets in einer Pfanne 10–12 Minuten braten, bis beim Einstechen klarer Fleischsaft austritt. Das Fett aus der Pfanne abgießen, das Fleisch würfeln und wieder in die Pfanne geben. 1 fein gehackte Zwiebel, 175 g saure Sahne, 125 g geriebenen Gouda und ½ Teelöffel getrockneten Oregano unterrühren. Abdecken und bei niedriger Temperatur den Käse schmelzen lassen. 225 g Salsa und 1½ Teelöffel Chilipulver einrühren.

Käse-Enchiladas
Das Rindfleisch weglassen. Für die Käsefüllung 450 g geriebenen Gouda, 1 fein gehackte Zwiebel, 1 Teelöffel getrockneten Oregano und 3 Esslöffel entsteinte und gehackte schwarze Oliven mischen.

Bohnen-Enchiladas
Das Rindfleisch weglassen. Für die Bohnenfüllung 450 g Kidneybohnen pürieren, mit 225 g körnigem Frischkäse und 125 g geriebenem Gouda verrühren.

Puten-Enchiladas
Statt Rindfleisch durch den Fleischwolf gedrehtes Putenfleisch verwenden.

Rindfleisch-Enchiladas mit Koriander
Das Gericht vor dem Servieren mit 50 g fein gehacktem Koriander bestreuen.

Variationen

Schweinelende mit Champignonsauce

Grundrezept auf Seite 110

Schweinelende mit Weißwein-Champignon-Sauce
Gemäß Grundrezept zubereiten. Den Rotwein durch die gleiche Menge Weißwein ersetzen.

Schweinelende mit Wildpilzen
Gemäß Grundrezept zubereiten. Anstelle der Champignons die gleiche Menge gemischte Wildpilze verwenden (z. B. Morcheln, Pfifferlinge, Steinpilze).

Schweinelende mit Trüffelsauce
Gemäß Grundrezept zubereiten. Vor dem Anbraten von Knoblauch und Schalotten 2 Teelöffel Trüffelöl in die Pfanne geben. Den Rotwein durch die gleiche Menge Weißwein ersetzen.

Schweinelende mit Champignonsauce & Nudeln
Gemäß Grundrezept zubereiten. Zu jeder Portion 60 g Nudeln (z. B. Pappardelle), gekocht nach Packungsanweisung, servieren.

Variationen

Überbackene Polenta mit Schinken

Grundrezept auf Seite 113

Überbackene Polenta mit Schinken & Oliven
Gemäß Grundrezept zubereiten. Zusammen mit dem Schinken zusätzlich 100 g entsteinte, gehackte Kalamata-Oliven zugeben.

Überbackene Polenta mit Schinken & Ziegenkäse
Gemäß Grundrezept zubereiten. Den Mozzarella durch die gleiche Menge gewürfelten Ziegenkäse ersetzen.

Überbackene Polenta mit Schinken & gerösteter roter Paprika
Gemäß Grundrezept zubereiten. Zusammen mit dem Schinken zusätzlich 100 g abgetropfte und gehackte geröstete Paprika zugeben.

Überbackene Polenta mit Schinken & Basilikum
Gemäß Grundrezept zubereiten. Zusammen mit dem Schinken 6–8 frische, zerpflückte Basilikumblätter zugeben.

Variationen

Rinderschmortopf

Grundrezept auf Seite 114

Rinderschmortopf mit Pastinaken
Gemäß Grundrezept zubereiten. Mit den Karotten zusätzlich 2 gewürfelte Pastinaken zugeben.

Rinderschmortopf mit Kartoffeln
Gemäß Grundrezept zubereiten. 1 Stunde vor Ende der Garzeit 450 g geviertelte Kartoffeln zugeben. Auf Nudeln als Beilage kann verzichtet werden.

Rinderschmortopf mit Schalotten
Gemäß Grundrezept zubereiten. Die Zwiebeln durch 6–8 Schalotten ersetzen.

Rinderschmortopf mit Orangenschale
Gemäß Grundrezept zubereiten. Mit dem Rotwein 2 Teelöffel abgeriebene Orangenschale zugeben.

Variationen

Kalbskoteletts mit Parmesan

Grundrezept auf Seite 116

Hähnchen mit Parmesan
Gemäß Grundrezept zubereiten. Anstelle von Kalbskoteletts 4 Hähnchenbrustfilets verwenden.

Auberginen mit Parmesan
Gemäß Grundrezept zubereiten. Statt Fleisch 2 Auberginen, in 5 mm dicke Scheiben geschnitten, verwenden.

Kalbskoteletts mit Parmesan & Mozzarella
Gemäß Grundrezept zubereiten, aber nur 75 g Kondensmilch verwenden. Die Sauce aus Milch und Parmesan weglassen. Stattdessen das Gericht mit 8 Scheiben Mozzarella belegen und mit dem Parmesan bestreuen.

Kalbskoteletts mit Parmesan & Kräuterbröseln
Gemäß Grundrezept zubereiten. Nach dem Wenden im Mehl das Fleisch panieren. Dazu 2 Eier und 1 Teelöffel Wasser in einem tiefen Teller verquirlen. In einem zweiten tiefen Teller 175 g Semmelbrösel, 100 g frisch geriebenen Parmesan und je 1 Esslöffel frisch gehacktes Basilikum und frisch gehackte glatte Petersilie mischen. Die bemehlten Koteletts nacheinander in Ei und Semmelbröselmischung wenden, dann wie im Grundrezept fortfahren.

Geflügel

Geflügel eignet sich wunderbar für Gerichte aus einem Topf. Es nimmt die Aromen der anderen Zutaten an und wird dabei zart und saftig. Auch wenn Sie neue Ideen zur Verwendung von Resten des Festtagsbratens suchen, werden Sie in diesem Kapitel fündig!

Kräuterhähnchen

Variationen auf Seite 143

Ein Gericht, das noch aromatischer wird, wenn es am Vortag gekocht und später nur aufgewärmt wird. Man kann es auch am Wochenende in Ruhe schmoren lassen, dann einfrieren und auftauen, wenn einmal wenig Zeit ist. Hierzu passen Nudeln, Reis oder auch Kartoffelpüree.

2 TL Salz
2 TL getrocknetes Basilikum
1 TL getrockneter Thymian
1 TL getrockneter Oregano
1 TL Knoblauchpulver
½ TL frisch gemahlener schwarzer Pfeffer
1 Prise Cayennepfeffer
900 g Hähnchenbrustfilet, in 1 cm breite Streifen geschnitten
2 EL Olivenöl
1 Zwiebel, fein gehackt
1 Knoblauchzehe, fein gehackt
1 grüne Paprika, in feine Streifen geschnitten
400 g ganze Tomaten aus der Dose (mit Saft)
2 EL Tomatenmark
100 ml trockener Rotwein
225 ml Hühnerbrühe

In einer Schüssel Salz, Basilikum, Thymian, Oregano, Knoblauchpulver, Pfeffer und Cayennepfeffer mischen. Das Fleisch mit der Hälfte der Gewürzmischung einreiben. Das Öl in einer Pfanne bei mittlerer bis hoher Temperatur erhitzen und das Fleisch rundherum goldbraun anbraten. Auf einen Teller umfüllen und beiseitestellen. Auf mittlere Temperatur umschalten. Die Zwiebel in der Pfanne etwa 4 Minuten glasig dünsten. Knoblauch und grüne Paprika zufügen und 5 Minuten dünsten, bis die Paprika weich wird. Die restliche Gewürzmischung sorgfältig unterrühren. Tomaten, Tomatenmark, Rotwein und Brühe zugießen und rühren, bis das Tomatenmark aufgelöst ist. Zum Kochen bringen, die Temperatur reduzieren und das Fleisch wieder zugeben. 25 Minuten leicht köcheln lassen, bis die Sauce eindickt und das Fleisch gar ist.

Für 4–6 Personen

Hähnchen mit Kokos

Variationen auf Seite 144

Je länger Sie das Fleisch marinieren, desto zarter wird es. Garam Masala ist eine indische Gewürzmischung, die in gut sortierten Supermärkten und in asiatischen Lebensmittelgeschäften zu bekommen ist.

900 g Hähnchenbrustfilet, in mundgerechte Stücke geschnitten
350 g Naturjoghurt
4 EL Maiskeimöl
225 g Zwiebeln, fein gehackt
1 Knoblauchzehe, fein gehackt
1 TL frisch geriebener Ingwer
1 TL gemahlener Kardamom
½ TL gemahlener Kreuzkümmel
1 TL rotes Chilipulver
1 TL Garam Masala
1 EL gemahlene Koriandersamen
Salz und frisch gemahlener schwarzer Pfeffer nach Geschmack
100 ml Kokosmilch

Das Fleisch in einer mittelgroßen Schüssel mit 225 g Joghurt verrühren, mit Frischhaltefolie abdecken und mindestens 1 Stunde (bis zu 12 Stunden) marinieren. Das Öl in einer großen Pfanne bei mittlerer Temperatur erhitzen. Die Zwiebeln 6–8 Minuten braten, bis sie goldbraun sind. Knoblauch und Ingwer zugeben und 1 Minute mitbraten. Alle Gewürze und den restlichen Joghurt zugeben. Wenn die Flüssigkeit aus dem Joghurt fast verdampft ist, das Fleisch zufügen und ringsherum hellbraun braten. Die Kokosmilch einrühren und abgedeckt bei niedriger Temperatur 10–12 Minuten köcheln lassen, bis das Fleisch zart und gar ist.

Für 4–6 Personen

Hähnchentopf mit Klößen

Variationen auf Seite 145

Der Sattmacher in diesem Gericht sind die unkomplizierten Klößchen.

- 35 g Mehl
- Salz und frisch gemahlener schwarzer Pfeffer nach Geschmack
- 1 kg Hähnchenfleisch von Brust und Keule, ohne Haut und Knochen, in 4 cm große Stücke geschnitten
- 2 EL Olivenöl
- 1 Zwiebel, in 8 Spalten geschnitten
- 2 Karotten, grob gehackt
- 2 Selleriestangen, grob gehackt
- 1 Lorbeerblatt
- 1 l Hühnerbrühe
- 200 g Mehl
- 2 TL Backpulver
- 100 g grober Polentagrieß
- 1 EL Zucker
- 1 TL Salz
- 400 g Crème double
- 2 EL frisch gehackte glatte Petersilie, zum Garnieren

Das Mehl in einem tiefen Teller mit Salz und Pfeffer vermischen. Das Fleisch im Mehl wenden und beiseitestellen. Das Öl in einem Bräter bei mittlerer Temperatur erhitzen. Das Fleisch von jeder Seite 2 Minuten anbraten, dann auf einen Teller umfüllen und beiseitestellen. Zwiebel, Karotten, Sellerie und Lorbeerblatt zugeben, mit Salz und Pfeffer würzen und 2 Minuten kochen. Die Hühnerbrühe zugießen und aufkochen. Die Hitze reduzieren, das Fleisch wieder in den Bräter geben und 15 Minuten köcheln lassen.

Für die Klöße Mehl, Backpulver, Grieß, Zucker und Salz in einer Schüssel vermengen. Die Crème double zufügen und alles gut verrühren. Das Lorbeerblatt aus dem Bräter nehmen. Vom Teig mit einem Löffel kleine Klöße abstechen und auf das Gericht setzen. Ohne Deckel 10 Minuten kochen, dann zugedeckt weitere 10 Minuten garen. Mit Petersilie bestreuen.

Für 4–6 Personen

Huhn mit Porree

Variationen auf Seite 146

Schon während dieses Gericht gart, verbreitet es seinen herrlichen Duft. Genau richtig für einen Regentag.

1 küchenfertige Poularde, 1,4–1,8 kg
½ Zitrone
3 Porreestangen, längs aufgeschnitten
50 g Butter, zerlassen
2 EL frisch gehackte glatte Petersilie
1 Prise getrockneter Estragon (oder 1 TL frisch gehackter Estragon)
Salz und frisch gemahlener schwarzer Pfeffer nach Geschmack

Den Backofen auf 160 °C vorheizen. Die Innereien aus der Bauchhöhle des Huhns nehmen, das Huhn waschen und trocken tupfen. Innen und außen kräftig mit der Zitrone einreiben, dabei die Zitrone drücken, damit Saft ausritt. Die Zitronenhälfte in die Bauchhöhle legen. Das Huhn in einen großen Bräter oder Schmortopf mit Deckel geben. Ringsherum den Porree verteilen und das Huhn mit der Butter bestreichen. Alles mit Petersilie, Estragon, Salz und Pfeffer bestreuen. Ein Thermometer in den dicksten Teil einer Keule stecken, ohne den Knochen zu berühren. Den Bräter abdecken und 2–2½ Stunden im Ofen garen. Das Huhn ist gar, wenn das Bratthermometer 82 °C anzeigt, beim Einstechen der Keule klarer Saft austritt und sich die Keulen leicht lösen lassen.

Die Poularde vor dem Tranchieren 15 Minuten ruhen lassen. Mit dem Porree und dem Schmorsud servieren.

Für 4–6 Personen

Hähnchenpastete

Variationen auf Seite 147

Eine praktische und leckere Verwertung für Reste vom Brathähnchen.

1 große Kartoffel, klein gewürfelt
2 Karotten, klein gewürfelt
25 g Butter, plus etwas mehr zum Einfetten
1 Würfel Hühnerbrühe
2 EL Mehl
500 ml Milch
100 g Erbsen, tiefgefroren und aufgetaut
450 g gegartes Hähnchenfleisch, gehackt
frisch gemahlener schwarzer Pfeffer nach Geschmack
ungesüßter Mürbeteig (Fertigprodukt) für eine runde Form (23 cm)

Den Backofen auf 190 °C vorheizen. Kartoffel und Karotten in einen Topf mit Wasser geben, aufkochen und 5–10 Minuten garen, bis das Gemüse bissfest ist. Vom Herd nehmen, abtropfen lassen und beiseitestellen. In einem Topf die Butter zerlassen. Den Brühwürfel zugeben, zerkrümeln und auflösen. Das Mehl zugeben, glatt rühren und 1 Minute anschwitzen. Vom Herd nehmen. Unter ständigem Rühren die Milch einrühren. Wenn die Mischung glatt ist, wieder auf den Herd stellen und bei mittlerer bis niedriger Temperatur 10 Minuten eindicken. Vom Herd nehmen. Gekochtes Gemüse, Erbsen und Fleisch in die Sauce rühren. Mit Pfeffer abschmecken. Eine runde Auflaufform (23 cm) mit Butter einfetten und die Mischung einfüllen. Den Rand der Form mit Milch oder Wasser befeuchten. Den Teig auf die Form legen, den Teigrand fest auf den Formrand pressen und dekorativ eindrücken. 4–6 Löcher in den Teig stechen, damit der Dampf austreten kann. 30 Minuten backen, bis die Füllung heiß und der Teig goldbraun ist.

Für Portionspasteten die Fleischmischung auf 6 eingefettete Förmchen verteilen. Den Teig 5 mm dick ausrollen und Kreise mit entsprechendem Durchmesser ausstechen. Die Förmchen mit dem Teig abdecken. Den Teig mit etwas verquirltem Ei bestreichen und 1 oder 2 Löcher einstechen.

Für 4 Personen

Pute im Teigmantel

Variationen auf Seite 148

Dieses Gericht ist ein elegantes „Versteck" für Reste vom Putenbraten.

40 g Butter oder Bratfett vom Putenbraten
150 g Mehl
450 ml Milch
2 EL Kapern
¼ TL getrockneter Salbei
1 Prise frisch geriebene Muskatnuss
450 g gegartes, kaltes Putenfleisch, gewürfelt
Salz und frisch gemahlener schwarzer Pfeffer nach Geschmack
50 g Butter, zerlassen
100 ml Wasser
1 Ei, verquirlt

Den Backofen auf 190 °C vorheizen. Für die Füllung Butter oder Bratfett in einem Topf zerlassen. 100 g Mehl zufügen, glatt rühren und kurz anschwitzen. Vom Herd nehmen, die Milch einrühren, aufkochen und bei mittlerer Temperatur unter ständigem Rühren 5 Minuten kochen, bis die Sauce eindickt. Vom Herd nehmen. Kapern, Salbei, Muskatnuss und gewürfeltes Fleisch einrühren. Mit Salz und Pfeffer würzen. Für den Brandteig zerlassene Butter und Wasser in einem Topf bei mittlerer bis hoher Temperatur zum Kochen bringen. Das restliche Mehl und eine Prise Salz zugeben und glatt rühren. Mit einem Holzlöffel ständig rühren, bis sich die Masse vom Topfrand löst. Das Ei zufügen und sorgfältig unterrühren. Den Teig in eine mittelgroße Auflaufform (höchstens 5 cm hoch) füllen oder auf 2–3 kleinere Formen verteilen. Den Teig mit einem Teigschaber gleichmäßig in der Form verteilen. Die Fleischmischung in die Mitte füllen und den Teigrand mit einer Gabel etwas über die Füllung wölben. 30–40 Minuten backen, bis der Teig goldbraun und luftig aufgegangen ist. Sofort servieren.

Für 2–3 Personen

Kreolische Ente

Variationen auf Seite 149

Dieses Rezept stammt ursprünglich aus Madagaskar. Am besten schmeckt es zu Reis.

2 Enten (à 1,8 kg), in mehrere Teile zerteilt
1 EL Olivenöl
Salz
100 g Zwiebeln, fein gehackt
2 Knoblauchzehen, fein gehackt
2 EL Wasser
4 Pfefferkörner
4 Gewürznelken
1 TL gemahlene Kurkuma
1 Prise frisch geriebene Muskatnuss
1 Prise gemahlener Zimt
1 EL fein gehackter frischer Ingwer
1 EL Mehl
400 g Flaschentomaten aus der Dose, grob gehackt, Saft aufgefangen
50 ml trockener Rotwein

Von den Ententeilen das sichtbare Fett entfernen. Die Haut mehrmals mit einem spitzen Messer einstechen. Das Öl in einer Pfanne bei mittlerer Temperatur erhitzen. Das Fleisch portionsweise von jeder Seite 2 Minuten anbraten. Salzen und in einen großen Bräter legen.

Das ausgebratene Fett bis auf 2 Esslöffel aus der Pfanne gießen und anderweitig verwenden. In der Pfanne Zwiebeln, Knoblauch, Wasser, Pfefferkörner, Gewürznelken, Kurkuma, Muskatnuss, Zimt und Ingwer verrühren und abgedeckt bei mittlerer bis niedriger Temperatur 10 Minuten erhitzen.

Den Deckel abnehmen, das Mehl einstreuen und verrühren. Die Tomaten mit ihrem Saft zugeben und abgedeckt 15 Minuten köcheln lassen. Den Deckel abnehmen, den Wein zugießen und aufkochen. Alles zu den Ententeilen in den Bräter geben und abgedeckt 2 Stunden garen, bis das Fleisch zart ist. Vor dem Servieren mit einem Löffel das Fett abschöpfen.

Für 6 Personen

Wachteln mit Fenchel

Variationen auf Seite 150

Die feinen Aromen von Wachteln und Fenchel harmonieren ausgezeichnet miteinander. Einfach, aber raffiniert!

4 küchenfertige Wachteln (insgesamt 700 g)
1 ½ TL Salz
¾ TL frisch gemahlener schwarzer Pfeffer
2 EL Olivenöl
2 Fenchelknollen, Strunk entfernt, grob gehackt
100 g rote Zwiebeln, fein gehackt
1 Knoblauchzehe, fein gehackt
1 Stängel Zitronengras, fein gehackt (Asialaden)
1 Zimtstange
225 ml trockener Weißwein

Den Backofen auf 175 °C vorheizen. Die Wachteln abspülen und trocken tupfen. ½ Teelöffel Salz und ¼ Teelöffel Pfeffer in einer kleinen Schüssel vermischen und die Wachteln damit einreiben. Das Öl in einer großen Pfanne bei mittlerer bis hoher Temperatur erhitzen. Die Wachteln mit der Brust nach unten 3–4 Minuten anbraten. Auf einen Teller legen und beiseitestellen.

Fenchel, Zwiebeln, Knoblauch sowie den Rest von Salz und Pfeffer in die Pfanne geben. Etwa 7 Minuten braten, bis der Fenchel gar ist. Zitronengras, Zimt und Wein zugeben. Aufkochen, in eine Auflaufform umfüllen, abdecken und im Ofen 20 Minuten garen.

Die Wachteln mit der Brust nach oben auf das Gemüse legen und abgedeckt 20 Minuten im Ofen garen. Aus dem Ofen nehmen. Den Deckel anheben und das Kondenswasser in die Form tropfen lassen. Die Wachteln mit dem Sud aus der Form einpinseln. Vor dem Servieren ohne Deckel 20 Minuten ruhen lassen.

Für 2 Personen als Hauptgericht, für 4 Personen als Vorspeise

Geschmorte Wachteln mit Pak Choi

Variationen auf Seite 151

Frischer, junger Pak Choi ist ein schöner Kontrast zu der üppigen Sauce.

8 küchenfertige Wachteln (insgesamt 1,4 kg), abgespült und abgetropft
Salz und frisch gemahlener schwarzer Pfeffer
8 EL abgeriebene Zitronenschale
4 EL Olivenöl
225 g Zwiebeln, in Ringe geschnitten
1 Karotte, grob gehackt
1 Prise frisch geriebene Muskatnuss
½ TL gemahlene Kurkuma
½ TL gemahlener Kreuzkümmel
½ TL gemahlene Koriandersamen
1 Lorbeerblatt
½ TL getrockneter, gerebelter Rosmarin
100 ml Hühnerbrühe
100 ml Portwein
4 Mini-Pak-Choi, Strunk abgeschnitten, halbiert

Die Wachteln mit Salz und Pfeffer einreiben. In die Bauchhöhle jeder Wachtel 1 Teelöffel Zitronenschale füllen. Das Öl in einem Bräter erhitzen und die Wachteln 20 Minuten anbraten. Regelmäßig wenden. Auf einen Teller legen und beiseitestellen. Zwiebeln, restliche Zitronenschale und Karotte im Bräter 5 Minuten andünsten, bis die Zwiebeln weich sind. Die Wachteln mit der Brust nach oben in den Bräter legen. Muskatnuss, Kurkuma, Kreuzkümmel und Koriander in einer Schüssel mischen und über Wachteln und Gemüse streuen. Lorbeerblatt, Rosmarin, Brühe und Portwein zufügen. Den Bräter abdecken und das Gericht 40 Minuten köcheln lassen. Alle 10 Minuten den Deckel anheben, das Kondenswasser in den Bräter tropfen lassen und die Wachteln mit dem Schmorsud bestreichen. Falls nötig, das Fett vom Sud abschöpfen.

In einem großen Topf mit kochendem Wasser den Pak Choi 5–7 Minuten garen. Abtropfen lassen und zu den Wachteln reichen. Vor dem Servieren den Sud aus dem Bräter über Wachteln und Pak Choi geben.

Für 4 Personen

Variationen

Kräuterhähnchen

Grundrezept auf Seite 127

Kräuterhähnchen mit Champignons
Mit Knoblauch und Paprika zusätzlich 225 g in Scheiben geschnittene Champignons zugeben.

Scharfes Kräuterhähnchen
Wenn das Fleisch wieder in den Bräter gelegt wird, ½ Teelöffel Cayennepfeffer und ½ Teelöffel zerdrückte rote Chiliflocken zufügen.

Kräuterhähnchen vom ganzen Tier
Anstelle des Hähnchenbrustfilets eine küchenfertige Poularde (1,4–1,6 kg, in 8 Teile geschnitten) verwenden. Vor dem Servieren das Fett von der Sauce schöpfen.

Kräuterhähnchen mit Kapern
Wenn das Fleisch wieder in den Bräter gelegt wird, 2 Esslöffel Kapern zufügen.

Kräuterhähnchen mit Polenta
Zu jeder Portion Polenta servieren. Dazu 1 Liter Wasser mit ¼ Teelöffel Salz aufkochen. 225 g Polentagrieß unter ständigem Rühren einrieseln lassen. Auf niedrige Temperatur umschalten, 50 g Butter zufügen und unter häufigem Rühren 30 Minuten köcheln lassen. 50 g frisch geriebenen Parmesan einrühren und sofort servieren.

Variationen

Hähnchen mit Kokos

Grundrezept auf Seite 128

Hähnchen mit Kokos & Mandeln
Gemäß Grundrezept zubereiten. Nach dem Einrühren der Kokosmilch 2 Esslöffel abgezogene, gemahlene Mandeln zugeben.

Hähnchen mit Kokos & Koriander
Gemäß Grundrezept zubereiten. Unmittelbar vor dem Servieren 25 g fein gehackten, frischen Koriander zufügen.

Rindfleisch mit Kokos
Gemäß Grundrezept zubereiten. Das Hähnchenfleisch durch die gleiche Menge Roastbeef ersetzen.

Lamm mit Kokos
Gemäß Grundrezept zubereiten. Das Hähnchenfleisch durch die gleiche Menge entbeinte Lammschulter, in 3 cm große Würfel geschnitten, ersetzen.

Hähnchen mit Kokos & Tomaten
Gemäß Grundrezept zubereiten. Nachdem Gewürze und Joghurt zugegeben wurden, 3 gehäutete, entkernte und gehackte Tomaten zufügen.

Variationen

Hähnchentopf mit Klößen

Grundrezept auf Seite 131

Hähnchentopf mit Klößen & Champignons
Mit dem Gemüse zusätzlich 225 g Champignons zugeben.

Hähnchentopf mit Klößen & Erbsen
Gemäß Grundrezept zubereiten. Nach dem Einrühren der Crème double 225 g frische oder tiefgefrorene und aufgetaute Erbsen zugeben.

Putentopf mit Klößen
Das Hähnchenfleisch durch Putenbrust ersetzen.

Schneller Hähnchentopf mit Klößen
Gemäß Grundrezept zubereiten, jedoch mit Fertigklößchen. Mehl, Backpulver, Polentagrieß, Zucker, Salz und Crème double durch eine nach Packungsanleitung angerührte Fertigmischung für Semmelknödel ersetzen. Alles zu einem weichen Teig verarbeiten, dann wie im Grundrezept fortfahren.

Hähnchentopf mit Klößen & Speck
Gemäß Grundrezept zubereiten. Zuerst 4–5 Scheiben Frühstücksspeck grob zerkleinern und im Bräter anbraten. Zum Abtropfen beiseitestellen. Das ausgebratene Fett bis auf 2 Esslöffel abgießen und anstelle des Olivenöls verwenden. Den Speck mit dem Hähnchenfleisch wieder in den Bräter geben.

Variationen

Huhn mit Porree

Grundrezept auf Seite 132

Huhn mit Porree & Würstchen
Gemäß Grundrezept zubereiten. Mit dem Porree zusätzlich 4–6 Schweinewürstchen zugeben.

Huhn mit Fenchel
Gemäß Grundrezept zubereiten. Statt Porree 3 Fenchelknollen, Strunk entfernt und längs halbiert, verwenden.

Huhn mit Porree & Kartoffeln
Gemäß Grundrezept zubereiten. 40 Minuten vor Ende der Garzeit 900 g gut abgebürstete neue Kartoffeln zugeben.

Huhn mit Porree & Thymian
Gemäß Grundrezept zubereiten. Den Estragon durch 3 Zweige frischen Thymian ersetzen.

Huhn mit Porree & Karotten
Gemäß Grundrezept zubereiten. 30 Minuten vor Ende der Garzeit 4 oder 5 grob gehackte Karotten zufügen.

Variationen

Hähnchenpastete

Grundrezept auf Seite 135

Putenpastete
Statt des Hähnchenfleischs gegartes Putenfleisch verwenden.

Lachspastete
Statt des Hühnerbrühwürfels 1 Fischfond- oder Gemüsebrühwürfel verwenden und das Hähnchenfleisch durch 450 g gegarten, zerpflückten Lachs ersetzen.

Einfache Hähnchenpastete
Abweichend vom Grundrezept 1 Dose Geflügelcremesuppe mit 225 ml Milch bei mittlerer Temperatur erhitzen und verrühren. 450 g gegartes Hähnchenfleisch und 450 g tiefgefrorenes und aufgetautes Mischgemüse einrühren. Nach Geschmack würzen. In eine eingefettete Auflaufform füllen und mit dem Teig abdecken. Den Rand andrücken und 4–6 Schlitze einschneiden, durch die der Dampf entweichen kann. Im vorgeheizten Backofen bei 190 °C 30 Minuten goldbraun backen.

Hähnchenpastete mit Frühstücksspeck
Mit dem Hähnchenfleisch 6 Scheiben gebratenen, zerbröselten Frühstücksspeck und 1 Teelöffel getrockneten Oregano zur Füllung geben.

Hähnchenpastete mit Porree
3 in Ringe geschnittene Porreestangen zu Kartoffeln und Karotten geben, sobald das Wasser kocht. 1 Esslöffel frisch gehackten Thymian zur Füllung geben.

Variationen

Pute im Teigmantel

Grundrezept auf Seite 136

Hähnchen im Teigmantel
Gemäß Grundrezept zubereiten. Das Putenfleisch durch die gleiche Menge gegartes Hähnchenfleisch ersetzen.

Pute im Teigmantel mit Erbsen
Gemäß Grundrezept zubereiten. Mit den Kapern 100 g Erbsen, tiefgefroren oder aus der Dose, zugeben.

Schnelle Pute im Teigmantel
Gemäß Grundrezept zubereiten. Statt selbst gemachtem Brandteig tiefgefrorenen Blätterteig verwenden. Gemäß Packungsanweisung auftauen, dann zu einem Streifen ausrollen, der den Rand und die Kante der Form bedeckt. Auslegen und gemäß Rezept fortfahren.

Pute im Teigmantel mit Cranberries
Gemäß Grundrezept zubereiten. Mit dem gegarten Putenfleisch 100 g Cranberries zugeben.

Variationen

Kreolische Ente

Grundrezept auf Seite 139

Kreolische Ente mit grüner Paprika
Gemäß Grundrezept zubereiten. Mit Zwiebeln und Knoblauch 100 g gehackte grüne Paprika zugeben.

Kreolische Ente mit Macis
Gemäß Grundrezept zubereiten. Mit Muskatnuss und Zimt ¼ Teelöffel Macis (gemahlene Muskatblüte) zugeben.

Kreolische Ente mit Bauchspeck
175 g gewürfelten Bauchspeck (z. B. Pancetta) knusprig ausbraten. Gemäß Grundrezept fortfahren, den Speck mit der Ente in den Bräter geben.

Kreolische Ente mit Orange
Gemäß Grundrezept zubereiten. Mit den Tomaten Saft und abgeriebene Schale von einer ½ Orange zugeben.

Variationen

Wachteln mit Fenchel

Grundrezept auf Seite 140

Wachteln mit Fenchel & Rosinen
Gemäß Grundrezept zubereiten. Mit dem Wein 50 g Rosinen zugeben.

Hähnchen mit Fenchel
Gemäß Grundrezept zubereiten. Statt Wachteln Hähnchenkeulen verwenden.

Rebhuhn mit Fenchel
Gemäß Grundrezept zubereiten. Statt Wachteln Rebhühner verwenden.

Wachteln mit Fenchel & Oliven
Gemäß Grundrezept zubereiten. Jede Portion mit 2 Esslöffeln gehackten Oliven garnieren.

Variationen

Geschmorte Wachteln mit Pak Choi

Grundrezept auf Seite 142

Geschmorte Wachteln mit Pak Choi & Schalotten
Gemäß Grundrezept zubereiten. Die Zwiebeln durch 4–6 Schalotten ersetzen.

Geschmorte Wachteln mit Pak Choi & Korinthen
Gemäß Grundrezept zubereiten. 30 Minuten vor der Zubereitung der Wachteln 50 g Korinthen in dem Portwein einweichen. Die Korinthen mit dem Portwein zugeben.

Geschmorte Wachteln mit Pak Choi & Aprikosen
Gemäß Grundrezept zubereiten. 30 Minuten vor der Zubereitung der Wachteln 8 getrocknete Aprikosen in dem Portwein einweichen. Vor dem Zufügen des Lorbeerblatts auf jede Wachtelbrust eine Aprikose legen.

Geschmorte Wachteln mit Porree
Gemäß Grundrezept zubereiten. Den Pak Choi weglassen. 3–4 Porreestangen in feine Streifen schneiden und in einem großen Topf mit kochendem Wasser 4–5 Minuten garen. Zu den Wachteln servieren.

Fisch & Meeresfrüchte

Mit Fisch und Meeresfrüchten lassen sich rustikale Eintöpfe, sahnige Aufläufe und feine, leichte Gratins zubereiten. Je frischer die Zutaten, desto besser auch das Resultat.

Überbackener Thunfisch

Variationen auf Seite 169

Traditionell verwendet man für dieses Gericht Champignoncremesuppe aus der Dose. Diese Version wird mit einer selbst gekochten Sauce zubereitet.

50 g Butter, plus etwas mehr zum Einfetten
35 g Mehl
350 ml Milch
175 g alter Gouda, gerieben
Salz und frisch gemahlener schwarzer Pfeffer nach Geschmack
2 Dosen Thunfisch im eigenen Saft, abgetropft und zerpflückt
700 g Makkaroni
225 g Erbsen, tiefgefroren oder aus der Dose
50 g Semmelbrösel

Den Backofen auf 190 °C vorheizen. Für die Sauce die Butter in einem kleinen Topf bei mittlerer Temperatur zerlassen. Das Mehl zufügen und glatt rühren. Vom Herd nehmen, die Milch unterrühren und bei mittlerer Temperatur wieder erhitzen. Zum Kochen bringen und unter ständigem Rühren 5 Minuten köcheln lassen, bis die Sauce eindickt. Vom Herd nehmen, 150 g geriebenen Gouda zugeben und rühren, bis der Käse geschmolzen und die Sauce cremig ist. Mit Salz und Pfeffer würzen. Den Thunfisch in die Sauce geben, umrühren und beiseitestellen.

In einem großen Topf mit leicht gesalzenem Wasser die Makkaroni gemäß Packungsanweisung kochen, bis sie al dente sind. 1 Minute vor Ende der Garzeit die Erbsen zufügen. Abtropfen lassen und zum Thunfisch geben. Die Mischung in eine große, leicht mit Butter eingefettete Form füllen, glatt streichen und mit den Semmelbröseln und dem restlichen Käse bestreuen. 25 Minuten überbacken, bis die Sauce brodelt und die Kruste goldbraun ist.

Für 4–6 Personen

Kartoffelgratin mit Kabeljau

Variationen auf Seite 170

Diese Spezialität aus Portugal erfordert etwas Vorbereitung: Der gesalzene Kabeljau muss 24 Stunden vor der Zubereitung gewässert werden.

450 g luftgetrockneter, gesalzener Kabeljau (Klippfisch)
4 Kartoffeln, halbiert
2 EL Olivenöl
1 große Gemüsezwiebel, in dünne Ringe geschnitten
25 g Butter
30 g Mehl
350 ml Milch
Salz und frisch gemahlener schwarzer Pfeffer nach Geschmack
1 Prise Cayennepfeffer
30 g fein gehackte frische glatte Petersilie
125 g Gruyère, gerieben

Den Kabeljau gut abspülen und in eine große Schüssel legen. Mit kaltem Wasser bedecken. Die Schüssel mit Frischhaltefolie abdecken und 24 Stunden in den Kühlschrank stellen. Alle 3–4 Stunden das Wasser wechseln.

Den Fisch abtropfen lassen, nochmals abspülen und trocken tupfen. In eine Pfanne mit hohem Rand legen und mit Wasser bedecken. Bei mittlerer bis hoher Temperatur zum Kochen bringen. Die Temperatur reduzieren und den Fisch 4–5 Minuten köcheln. Abtropfen lassen, trocken tupfen und zerpflücken, dabei restliche Gräten entfernen. In eine Schüssel geben.

Den Backofen auf 175 °C vorheizen. In einem großen Topf mit Salzwasser die Kartoffeln 15 Minuten kochen, bis sie gerade gar sind. Abtropfen lassen und in dünne Scheiben schneiden. Vorsichtig mit dem Kabeljau mischen. Das Olivenöl in einer großen Pfanne erhitzen. Die Zwiebel darin 7 Minuten goldbraun anbraten. Zu Kartoffeln und Fisch geben.

Für die Sauce die Butter in einem Topf bei mittlerer Temperatur zerlassen. Das Mehl zugeben und glatt rühren. Vom Herd nehmen, die Milch unterrühren und bei mittlerer Temperatur wieder erhitzen. Aufkochen und unter ständigem Rühren 5 Minuten eindicken. Vom Herd nehmen. Mit Salz, Pfeffer und Cayennepfeffer würzen. Behutsam unter Fisch und Gemüse ziehen. Die Mischung in eine Auflaufform füllen. Mit Petersilie und geriebenem Käse bestreuen und 35–40 Minuten überbacken, bis die Sauce brodelt und die Kruste goldbraun ist.

Für 4–6 Personen

Lachsgratin

Variationen auf Seite 171

Gesunde Omega-3-Fettsäuren – familienfreundlich serviert.

350 g gegarter Lachs, zerpflückt
175 g Kräcker, grob zerbröselt
100 g Stangensellerie, fein gehackt
2 Knoblauchzehen, fein gehackt
1 große Zwiebel, fein gehackt
1 gelbe Paprika, gehackt
50 g fein gehackte glatte Petersilie
1/4 TL getrockneter Thymian
Salz und frisch gemahlener schwarzer Pfeffer nach Geschmack
75 g Butter, zerlassen
2 Eier, leicht verquirlt
25 g Butter, plus etwas mehr zum Einfetten

Den Backofen auf 190 °C vorheizen.

In einer mittelgroßen Schüssel Lachs, Kräckerbrösel, gehacktes Gemüse, Petersilie und Thymian mischen. Mit Salz und Pfeffer würzen. Zerlassene Butter und Eier unterrühren. Die Mischung in eine mittelgroße, leicht mit Butter eingefettete Auflaufform füllen. Mit Butterflöckchen belegen und 30 Minuten überbacken, bis das Gratin heiß und leicht aufgegangen ist.

Für 4 Personen

Gebackener Fisch mit Champignons

Variationen auf Seite 172

Ein unkompliziertes Gericht, das jedem gut schmeckt.

700 g Rotbarsch- oder Red-Snapper-Filet, in 6 Stücke geschnitten
60 g Butter, plus etwas mehr zum Einfetten
2 EL frisch gepresster Zitronensaft
1 Prise mildes Delikatess-Paprikapulver
Salz und frisch gemahlener schwarzer Pfeffer nach Geschmack
350 g Champignons, in Scheiben geschnitten
40 g Mehl
275 ml Milch
50 ml trockener Weißwein
½ TL Salz
125 g Emmentaler, gerieben

Den Backofen auf 200 °C vorheizen. Die Fischstücke in einer Schicht in eine leicht mit Butter eingefettete, flache Auflaufform legen. Mit dem Zitronensaft beträufeln und mit Paprikapulver, Salz und Pfeffer bestreuen. 10 Minuten im Ofen garen.

Inzwischen 25 g Butter in einer kleinen Pfanne zerlassen und die Pilze darin 4 Minuten dünsten. Beiseitestellen.

In einem Topf die restliche Butter bei mittlerer Temperatur zerlassen. Das Mehl zugeben und glatt rühren. Vom Herd nehmen und die Milch mit ½ Teelöffel Salz unterrühren. Wieder erhitzen, den Wein zugießen und aufkochen. 5 Minuten unter ständigem Rühren eindicken.

Den Garsud vom Fisch abgießen. Die Champignons auf dem Fisch verteilen. Mit der Sauce übergießen und mit dem Käse bestreuen. Im Ofen 20 Minuten überbacken, bis die Sauce brodelt.

Für 6 Personen

Überbackene Seezunge

Variationen auf Seite 173

Durch den Belag wird der Fisch sehr saftig und aromatisch.

25 g Butter, plus etwas mehr zum Einfetten
225 g Zwiebeln, fein gehackt
3 Scheiben Weißbrot vom Vortag, in kleine Stücke zerpflückt
1/4 TL getrockneter Thymian
2 TL fein gehackte frische glatte Petersilie
1 TL abgeriebene Zitronenschale
1 Ei
4 Seezungenfilets

Den Backofen auf 175 °C vorheizen. Die Butter in einer mittelgroßen Pfanne zerlassen. Die Zwiebeln darin etwa 5 Minuten glasig dünsten. Die Zwiebeln in einer Schüssel mit zerpflücktem Brot, Thymian, Petersilie, Zitronenschale und Ei vermengen. Eine mittelgroße Auflaufform leicht mit Butter einfetten. Die Fischfilets in einer Schicht hineinlegen. Die Zwiebelmischung darauf verteilen und 20–30 Minuten überbacken, bis der Fisch nicht mehr glasig ist und leicht zerfällt.

Für 4 Personen

Krebsgratin

Variationen auf Seite 174

Das sahnige Gratin schmeckt mit einem würzigen Blattsalat als leichtes Mittagessen oder kann mit knusprigem Baguette als feine Vorspeise serviert werden.

1 EL Butter, plus etwas mehr zum Einfetten
2 EL fein gehackte Zwiebel
1 Karotte, fein gehackt
1 Selleriestange, fein gehackt
100 ml Hühnerbrühe
50 ml trockener Weißwein
1 große Prise getrockneter Estragon
100 g Crème double
350 g frisches Krebsfleisch
1 TL frisch gepresster Zitronensaft
1 Prise Cayennepfeffer
Salz und frisch gemahlener schwarzer Pfeffer nach Geschmack
50 g Parmesan, frisch gerieben

Den Backofengrill vorheizen. In einem mittelgroßen Schmortopf die Butter bei niedriger Temperatur zerlassen. Zwiebel, Karotte und Sellerie zugeben und bei mittlerer Temperatur 1 Minute unter gelegentlichem Rühren andünsten. Brühe, Wein und Estragon einrühren. Kräftig kochen, bis die Flüssigkeit auf 1 Esslöffel reduziert ist. Die Crème double zugeben und wieder aufkochen. 2 Minuten unter ständigem Rühren kochen, bis die Sauce eindickt. Vom Herd nehmen und Krebsfleisch, Zitronensaft und Cayennepfeffer einrühren. Nach Geschmack mit Salz und Pfeffer würzen. Die Mischung in eine kleine, leicht mit Butter eingefettete Auflaufform füllen. Mit dem Parmesan bestreuen und 2 Minuten unter dem Grill überbacken, bis die Sauce brodelt und der Käse goldbraun ist.

Für 3–4 Personen als leichtes Mittagessen oder Vorspeise

Garnelen mit Blumenkohl

Variationen auf Seite 175

Blumenkohl, würziger Käse und saftige Garnelen – alles aus einem „Topf".

1 großer Blumenkohl
50 g Butter, plus etwas mehr zum Einfetten
½ Zwiebel, fein gehackt
35 g Mehl
350 ml Milch
125 g alter Gouda, gerieben
Salz und frisch gemahlener schwarzer Pfeffer nach Geschmack
225 g gekochte Garnelen, ausgelöst und Darmfaden entfernt

Den Blumenkohl putzen und waschen, den Strunk herausschneiden und den Kohl im Ganzen (nach Belieben auch in Röschen zerteilt) in kochendem Salzwasser etwa 7 Minuten garen. Abtropfen lassen und in eine leicht mit Butter eingefettete Auflaufform mittlerer Größe legen.

Den Backofen auf 190 °C vorheizen. Für die Sauce die Butter in einem kleinen Topf bei mittlerer bis niedriger Temperatur zerlassen. Die Zwiebel darin 5 Minuten glasig dünsten. Das Mehl zufügen, glatt rühren und den Topf vom Herd nehmen. Die Milch unterrühren, bei mittlerer Temperatur erhitzen und 5 Minuten unter ständigem Rühren köcheln lassen, bis die Sauce eindickt. Vom Herd nehmen und 50 g geriebenen Gouda zugeben. Rühren, bis der Käse geschmolzen ist. Mit Salz und Pfeffer würzen. Die Garnelen unterheben und die Sauce über den Blumenkohl gießen. Mit dem restlichen Käse bestreuen und 20 Minuten überbacken, bis die Sauce brodelt und die Oberfläche goldbraun ist.

Für 4 Personen

Bouillabaisse

Variationen auf Seite 176

Der Klassiker aus Frankreich ist ein Fest für alle Fans von Meeresfrüchten.

175 ml Olivenöl
2 Zwiebeln, in dünne Ringe geschnitten
2 Porreestangen, grüner und weißer Teil in feine Streifen geschnitten
3 vollreife Tomaten, gehäutet, entkernt und gehackt
4 Knoblauchzehen, fein gehackt
1 Stängel Fenchelgrün
1 Zweig frischer Thymian
1 Lorbeerblatt
1 TL abgeriebene Zitronenschale
2,25 l Wasser
1,4 kg Kabeljaufilet, in 5 cm große Würfel geschnitten
450 g kleine Venusmuscheln, ausgelöst
450 g große Jakobsmuscheln, ausgelöst
350 g Miesmuscheln, abgebürstet und Bärte entfernt
350 g rohe Garnelen, ausgelöst und Darmfaden entfernt
Salz und frisch gemahlener schwarzer Pfeffer nach Geschmack
25 g frisch gehackte Petersilie

Das Öl in einem großen Topf bei mittlerer Temperatur erhitzen. Zwiebeln, Porree, gehackte Tomaten und Knoblauch darin unter gelegentlichem Rühren 5 Minuten weich dünsten. Fenchel, Thymian, Lorbeerblatt und Zitronenschale zufügen. Das Wasser zugießen und zum Kochen bringen. Im offenen Topf etwa 20 Minuten köcheln lassen, bis die Flüssigkeit etwas reduziert ist. Den Kabeljau zugeben und 2 Minuten mitkochen. Alle Muscheln und die Garnelen zufügen und 6 Minuten köcheln lassen, bis sich die Muscheln geöffnet haben, die Jakobsmuscheln nicht mehr glasig und die Garnelen rosa sind. Der Fisch soll weiß und gar sein, aber noch nicht zerfallen. Die Bouillabaisse abschmecken, mit gehackter Petersilie bestreuen und servieren.

Für 12 Personen

Eintopf mit Meeresfrüchten

Variationen auf Seite 177

Dieser würzige Eintopf ist als Partysuppe bestens geeignet.

75 g Butter
450 g Zwiebeln, fein gehackt
175 g Selleriestange, fein gehackt
3 Knoblauchzehen, fein gehackt
35 g Mehl
450 g Tomaten aus der Dose, grob gehackt
1 TL Zucker
2 EL fein gehackte frische glatte Petersilie
1 Zweig frischer Thymian
2 Lorbeerblätter
½ TL Cayennepfeffer
Salz und schwarzer Pfeffer nach Geschmack
450 g Cabanossi oder andere geräucherte, pikante Wurst, in 1 cm dicke Scheiben geschnitten
225 g frisches Krebsfleisch
450 g rohe Garnelen, ausgelöst und Darmfaden entfernt
½ TL scharfe Chilisauce
50 ml Worcestersauce
Saft von einer ½ Zitrone

25 g Butter in einer Pfanne bei mittlerer Temperatur zerlassen. Die Zwiebeln darin 2 Minuten anbraten. Sellerie und Knoblauch zugeben und 6 Minuten mitbraten, bis die Zwiebeln goldbraun sind. Beiseitestellen. In einem Bräter die restliche Butter bei mittlerer Temperatur zerlassen. Das Mehl darin unter ständigem Rühren anschwitzen, bis die Masse goldbraun wird. Zwiebeln und Gemüse untermengen. 1,8 Liter Wasser, Tomaten und Zucker zufügen. Petersilie, Thymian, Lorbeerblätter, Cayennepfeffer, Salz und Pfeffer einrühren. Aufkochen, dann bei niedriger Temperatur 2½ Stunden köcheln lassen. Gelegentlich umrühren. Wurst, Krebsfleisch und Garnelen zugeben und 10 Minuten köcheln lassen, bis die Garnelen rosa sind. Beide Würzsaucen und den Zitronensaft einrühren. Das Lorbeerblatt entfernen und das Gericht servieren.

Für 10 Personen

Variationen

Überbackener Thunfisch

Grundrezept auf Seite 153

Überbackener Thunfisch mit Mais
Gemäß Grundrezept zubereiten. Mit den Erbsen 100 g Maiskörner aus der Dose zugeben.

Überbackener Thunfisch mit Röstzwiebeln
Gemäß Grundrezept zubereiten. Vor dem Überbacken mit 100 g Röstzwiebeln (Fertigprodukt) bestreuen.

Überbackener Thunfisch mit Bandnudeln
Gemäß Grundrezept zubereiten. Anstelle von Makkaroni die gleiche Menge nach Packungsanweisung gekochte breite Bandnudeln zugeben.

Überbackener Thunfisch mit Senf
Gemäß Grundrezept zubereiten. Beim Zubereiten der Sauce mit dem Mehl 1 Esslöffel Senf einrühren.

Überbackener Thunfisch, klassische Art
Gemäß Grundrezept zubereiten, aber die Sauce nicht selbst herstellen. Butter, Mehl, Milch und Gouda durch 1 Dose Champignoncremesuppe ersetzen.

Variationen

Kartoffelgratin mit Kabeljau

Grundrezept auf Seite 154

Kartoffelgratin mit Lachs
Gemäß Grundrezept zubereiten. Den Kabeljau durch 700 g Lachsfilet ersetzen. Das Einweichen des Fischs entfällt. Den Lachs nur in Wasser in der Pfanne vorgaren.

Kartoffelgratin mit Tilapia
Gemäß Grundrezept zubereiten. Den Kabeljau durch 700 g Tilapia-Filet ersetzen. Das Einweichen des Fischs entfällt. Den Tilapia nur in Wasser in der Pfanne vorgaren.

Kartoffelgratin mit Kabeljau & Oliven
Gemäß Grundrezept zubereiten. Mit den Kartoffeln 100 g entsteinte schwarze Oliven zufügen.

Kartoffelgratin mit Kabeljau & Mais
Gemäß Grundrezept zubereiten. Mit den Kartoffeln 100 g Maiskörner zufügen.

Kartoffelgratin mit Seezunge
Gemäß Grundrezept zubereiten. Den Kabeljau durch 700 g Seezungenfilet ersetzen. Das Einweichen des Fischs entfällt. Die Seezungen nur in Wasser in der Pfanne vorgaren.

Variationen

Lachsgratin

Grundrezept auf Seite 157

Krebsfleischgratin
Gemäß Grundrezept zubereiten. Den Lachs durch die gleiche Menge frisches Krebsfleisch ersetzen. Eventuelle Schalenreste sorgfältig entfernen.

Thunfischgratin
Gemäß Grundrezept zubereiten. Den Lachs durch 2 Dosen Thunfisch im eigenen Saft, abgetropft und zerpflückt, ersetzen.

Lachsgratin mit Reis
Gemäß Grundrezept zubereiten. Statt der Cracker gegarten Reis nehmen.

Lachsgratin mit grüner Paprika
Gemäß Grundrezept zubereiten, aber grüne Paprika anstelle von gelber verwenden.

Lachsgratin mit Dill
Gemäß Grundrezept zubereiten. Den Thymian durch 2 Teelöffel fein gehackten, frischen Dill ersetzen.

Variationen

Gebackener Fisch mit Champignons

Grundrezept auf Seite 158

Gebackener Fisch mit Champignons & Oliven
Gemäß Grundrezept zubereiten. Vor dem Bestreuen mit Käse 50 g entsteinte, gehackte schwarze Oliven auf den Pilzen verteilen.

Gebackener Fisch mit Artischockenherzen
Gemäß Grundrezept zubereiten. Vor dem Bestreuen mit Käse zusätzlich 400 g Artischockenherzen aus der Dose, abgetropft und grob gehackt, auf den Pilzen verteilen.

Gebackener Fisch mit hart gekochten Eiern
Gemäß Grundrezept zubereiten. 2 hart gekochte, gehackte Eier unter die Sauce heben, nachdem sie eingedickt ist.

Gebackener Fisch mit Garnelen
Gemäß Grundrezept zubereiten. Nach 10 Minuten Garzeit zusätzlich 450 g rohe Garnelen, ausgelöst und Darmfaden entfernt, um die Fischstücke herum verteilen.

Variationen

Überbackene Seezunge

Grundrezept auf Seite 161

Überbackener Kabeljau

Gemäß Grundrezept zubereiten. Statt Seezunge Kabeljaufilets verwenden.

Überbackene Seezunge mit Champignons

Gemäß Grundrezept zubereiten. Beim Zubereiten der Füllung 225 g Champignons zu den Zwiebeln geben.

Überbackener Tilapia

Gemäß Grundrezept zubereiten. Die Seezunge durch Tilapia-Filets ersetzen.

Überbackene Forelle

Gemäß Grundrezept zubereiten. Die Seezunge durch Forellenfilets ersetzen.

Variationen

Krebsgratin

Grundrezept auf Seite 162

Krebsgratin mit Mais
Gemäß Grundrezept zubereiten. Mit dem Krebsfleisch 225 g Maiskörner aus der Dose zugeben.

Krebsgratin mit Pecorino
Gemäß Grundrezept zubereiten. Den Parmesan durch die gleiche Menge geriebenen Pecorino ersetzen.

Krebsgratin mit Dill
Gemäß Grundrezept zubereiten. Den Estragon durch eine große Prise fein gehackten, frischen Dill ersetzen.

Krebsgratin mit Spinat
Gemäß Grundrezept zubereiten. Wenn der Wein eingekocht ist, 225 g grob gehackten, frischen Spinat zufügen.

Krebsgratin mit Kräuterkruste
Gemäß Grundrezept zubereiten. 50 g Semmelbrösel, ½ Teelöffel getrocknetes Basilikum und ¼ Teelöffel getrockneten Thymian mit dem Parmesan mischen und auf das Gratin streuen.

Variationen

Garnelen mit Blumenkohl

Grundrezept auf Seite 165

Garnelen mit Blumenkohl & Dill
Gemäß Grundrezept zubereiten. Mit den Garnelen 1 Esslöffel fein gehackten, frischen Dill unter die Sauce heben.

Garnelen mit Blumenkohl & Böselkruste
Gemäß Grundrezept zubereiten. Vor dem Überbacken mit 50 g Semmelbröseln bestreuen.

Garnelen mit Blumenkohl & Tomate
Gemäß Grundrezept zubereiten. Vor dem Überbacken mit 5 oder 6 Tomatenscheiben belegen.

Krebsfleisch mit Blumenkohl
Gemäß Grundrezept zubereiten. Anstelle von Garnelen die gleiche Menge Krebsfleisch, frisch oder aus der Dose, verwenden.

Variationen

Bouillabaisse

Grundrezept auf Seite 166

Bouillabaisse mit Safran
Gemäß Grundrezept zubereiten. Mit dem Wasser 1 Prise Safran zufügen.

Bouillabaisse mit Wirsing
Gemäß Grundrezept zubereiten. Kurz vor dem Fisch 450 g grob gehackten Wirsing, Strunk und dicke Blattrippen entfernt, zugeben. Gut verrühren.

Bouillabaisse mit Orangenschale
Gemäß Grundrezept zubereiten. Statt Zitronenschale abgeriebene Schale von einer ½ Orange verwenden.

Bouillabaisse mit Wolfsbarsch
Gemäß Grundrezept zubereiten. Den Kabeljau durch Wolfsbarsch ersetzen.

Bouillabaisse mit scharfer Knoblauchsauce
Gemäß Grundrezept zubereiten. Jede Portion mit ½ Teelöffel Sauce, der Rouille, garnieren. Für die Rouille 1 Esslöffel heißen Fischfond oder Muschelsud mit 2 geschälten Knoblauchzehen, 1 kleinen roten Chili, ½ Teelöffel Salz und 1 Scheibe Weißbrot (zerpflückt) im Mixer zu pürieren. Bei laufendem Motor 1–3 Esslöffel Olivenöl langsam zugießen.

Variationen

Eintopf mit Meeresfrüchten

Grundrezept auf Seite 168

Eintopf mit Meeresfrüchten & Okra
Gemäß Grundrezept zubereiten. 450 g Okra hacken und in 2 Esslöffeln Pflanzenöl 30–40 Minuten bei sehr niedriger Temperatur dünsten. Mit Wasser und Tomate zum Eintopf geben.

Eintopf mit Meeresfrüchten & Huhn
Gemäß Grundrezept zubereiten. Die Wurst durch 450 g gegartes Hühnerfleisch (auch Reste eignen sich) ersetzen. Mit Krebsfleisch und Garnelen zum Eintopf geben.

Eintopf mit Meeresfrüchten & hart gekochten Eiern
Gemäß Grundrezept zubereiten. Unmittelbar vor dem Servieren 4 hart gekochte, gehackte Eier unterrühren.

Eintopf mit Meeresfrüchten & Seewolf
Gemäß Grundrezept zubereiten. 700 g Seewolffilet, in 4 cm große Würfel geschnitten, mit Wurst und Krebsfleisch zufügen.

Vegetarisch & vegan

Im folgenden Kapitel finden Sie Rezepte ohne Fleisch, einige enthalten aber Eier oder Milchprodukte. Wer sich konsequent vegetarisch ernährt, sollte darauf achten, Käse ohne Lab zu verwenden. Die veganen Rezepte in diesem Kapitel enthalten keinerlei tierische Produkte.

Kürbistopf

Variationen auf Seite 195

Ein leckeres Gericht, das mit seiner leuchtenden Farbe an kalten Herbstabenden gute Laune macht.

2 Butternut-Kürbisse
½ TL Olivenöl
40 g Butter, plus etwas mehr zum Einfetten
225 g Zwiebel, fein gehackt
2 Knoblauchzehen, fein gehackt
225 g rote Paprika, gehackt
2 Eier, leicht verquirlt
225 ml Buttermilch
125 g Feta, zerkrümelt
1 TL Salz
frisch gemahlener schwarzer Pfeffer nach Geschmack

Den Backofen auf 190 °C vorheizen. Von den Kürbissen die Enden abschneiden, dann die Früchte längs halbieren und die Kerne herausschaben. Ein Backblech mit Olivenöl einreiben und die Kürbisse mit der Schnittfläche nach unten darauflegen. Je nach Dicke der Kürbisse 40–45 Minuten im Ofen garen.

In einer Pfanne die Butter bei mittlerer Temperatur zerlassen. Die Zwiebeln darin 5 Minuten glasig dünsten. Den Knoblauch zugeben und 1 Minute dünsten. Die Paprika unterrühren und 4–5 Minuten garen, bis die Zwiebeln goldbraun und die Paprika bissfest sind. Beiseitestellen.

Eier und Buttermilch in einer großen Schüssel verrühren. Den Feta zugeben. Das abgekühlte Fruchtfleisch aus den Kürbissen schaben und mit einer Gabel zerdrücken. Zur Buttermilchmischung geben und gut verrühren. Zwiebeln und Paprika unterheben. Mit Salz und Pfeffer würzen. Die Mischung in eine mittelgroße, leicht mit Butter eingefettete Auflaufform füllen und 25–30 Minuten backen, bis das Gemüse heiß ist und der Feta zu schmelzen beginnt.

Für 4 Personen

Porreeauflauf mit Gerste

Variationen auf Seite 196

Dieses herzhafte Gericht kann als eigenständige vegetarische Mahlzeit oder als Beilage zu Fleisch oder Fisch serviert werden.

1 große Porreestange, weißer und hellgrüner Teil
1 Zwiebel
2 große Karotten
2 Tomaten
225 g Gerstenkörner (Bioladen)
700 ml Gemüsebrühe
100 g alter Gouda, gewürfelt
100 g Feta, zerkrümelt

Den Backofen auf 175 °C vorheizen. Den Porree sehr gründlich waschen und in streichholzgroße Stifte schneiden. Zwiebel, Karotten und Tomaten putzen und würfeln. Das Gemüse in eine große Auflaufform mit fest schließendem Deckel füllen. Die Gerste abspülen und mit der Gemüsebrühe zum Gemüse geben. Gut umrühren. Gerste und Gemüse sollen mit Brühe bedeckt sein. Bei geschlossenem Deckel 45–50 Minuten im Ofen garen. Aus dem Ofen nehmen und beide Käsesorten unterrühren. Wieder in den Ofen schieben und ohne Deckel 20 Minuten backen, bis die Gerste den Großteil der Brühe aufgesogen hat.

Für 4–6 Personen

Auberginen-Zucchini-Auflauf

Variationen auf Seite 197

Ein würziges Gericht für den Sommer. Servieren Sie dazu frisches Bauernbrot.

1 große Aubergine, in Scheiben geschnitten
Salz und frisch gemahlener schwarzer Pfeffer
2 EL Olivenöl
1 große Zwiebel, fein gehackt
2 Knoblauchzehen, fein gehackt
800 g ganze Tomaten aus der Dose (mit Saft)
3–4 grob zerpflückte frische Basilikumblätter
2 EL fein gehackte frische glatte Petersilie
2 kleine Zucchini, längs in Scheiben geschnitten
35 g Mehl
5–6 EL Sonnenblumenöl
Butter, zum Einfetten
350 g Mozzarella, gerieben
50 g Parmesan, frisch gerieben

Die Auberginen auf Küchenpapier legen, mit Salz bestreuen und 30 Minuten beiseitestellen. Umdrehen, wieder mit Salz bestreuen und nochmals 30 Minuten stehen lassen. Das Olivenöl in einer Pfanne bei mittlerer Temperatur erhitzen. Zwiebel und Knoblauch 4 Minuten anbraten. Die Tomaten einrühren und grob zerkleinern. Die Hälfte des Basilikums und der Petersilie zufügen, mit Salz und Pfeffer würzen und aufkochen. Die Temperatur reduzieren und 25 Minuten eindicken. Beiseitestellen. Den Backofen auf 175 °C vorheizen. Die Auberginen mit kaltem Wasser abspülen und trocken tupfen. Auberginen und Zucchini im Mehl wenden, überschüssiges Mehl abschütteln. In einer zweiten Pfanne 2 Esslöffel Sonnenblumenöl erhitzen und Auberginen und Zucchini portionsweise goldbraun braten. Das Gemüse auf Küchenpapier abtropfen lassen. Eine Auflaufform (23 cm x 33 cm) mit Butter einfetten. Eine Schicht Auberginen und Zucchini auf den Formboden legen. Mit der Hälfte der Sauce und der Hälfte des Mozzarellas bedecken. Mit dem Rest von Petersilie und Basilikum bestreuen. Eine zweite Schicht Gemüse auflegen, mit der restlichen Sauce und dem restlichen Mozzarella bedecken. Die Oberfläche mit Parmesan bestreuen. 30 Minuten überbacken, bis der Käse goldbraun ist.

Für 4–6 Personen

Bohnen-Mais-Auflauf

Variationen auf Seite 198

Der Ursprung dieses Gerichts liegt in Mexiko. Es ist außerordentlich gesund und erinnert an das Essen der Cowboys am Lagerfeuer.

1 EL Olivenöl
225 g Zwiebeln, fein gehackt
225 g Tomaten, gehackt
350 g Maiskörner aus der Dose
425 g Kidneybohnen aus der Dose, abgetropft
2 EL frisch gepresster Limettensaft
1 TL Salz
½ TL frisch gemahlener schwarzer Pfeffer
225 g frischer Spinat, gehackt
Butter, zum Einfetten
225 g Tortilla-Chips, zerbröselt
225 g alter Gouda, gerieben
225 ml Salsa (Fertigprodukt)
25 g fein gehackter frischer Koriander
100 g saure Sahne

Den Backofen auf 175 °C vorheizen. Das Öl bei mittlerer Temperatur in einem großen Topf erhitzen. Die Zwiebeln 5 Minuten darin weich und glasig dünsten. Tomaten, Mais, Bohnen, Limettensaft, Salz und Pfeffer einrühren und alles 10 Minuten kochen. Wasser in einem Topf aufkochen und den Spinat 1–2 Minuten blanchieren. Abtropfen lassen und beiseitestellen.

Eine Auflaufform (20 cm x 20 cm) leicht mit Butter einfetten. Die Hälfte der zerbröselten Tortilla-Chips auf den Formboden geben und mit der Bohnenmischung bedecken. Mit 175 g geriebenem Gouda bestreuen und den blanchierten Spinat darauf verteilen. Die Hälfte der Salsa auf den Spinat geben. Darauf den Rest der zerbröselten Tortilla-Chips geben, dann die restliche Salsa und den restlichen Käse. 40 Minuten überbacken, bis die Sauce brodelt. Mit frischem Koriander bestreuen und saure Sahne dazu servieren.

Für 6 Personen

Käseschindeln

Variationen auf Seite 199

Dieses Ofengericht schmeckt auch zum späten Sonntagsfrühstück oder zum Brunch.

Butter, zum Einfetten
8 dicke Scheiben Baguette, entrindet und in 1 cm breite Streifen geschnitten
200 g alter Gouda, gerieben
200 g Gruyère, gerieben
2 EL frisch gehackter Dill
4 Eier
450 ml Milch
25 g Butter, zerlassen
1 Prise Cayennepfeffer
1 Prise frisch geriebene Muskatnuss
½ TL Salz
¼ TL frisch gemahlener schwarzer Pfeffer

Eine Auflaufform (20 cm x 20 cm) leicht mit Butter einfetten. Die Hälfte des Brots auf dem Formboden verteilen. Beide Käsesorten in einer Schüssel vermischen. Die Hälfte der Käsemischung auf dem Brot in der Form verteilen und mit dem gehackten Dill bestreuen. Das restliche Brot in die Form legen und mit dem restlichen Käse bestreuen. In der Käseschüssel Eier, Milch, zerlassene Butter, Cayennepfeffer, Muskatnuss, Salz und Pfeffer verquirlen. Die Mischung über Brot und Käse gießen. Die Form mit Frischhaltefolie abdecken und 6–12 Stunden in den Kühlschrank stellen.

Den Backofen auf 160 °C vorheizen. Den Auflauf 1 Stunde backen, bis er aufgegangen und goldbraun ist. Auf einem Kuchengitter vor dem Servieren 10 Minuten abkühlen lassen.

Für 4–6 Personen

Schweizer Bohnentopf

Variationen auf Seite 200

Bei diesem ungewöhnlichen Bohnengericht werden Ihre Gäste gern zweimal zugreifen.

50 g Butter, plus etwas mehr zum Einfetten
1 TL Salz
1 TL Zucker
30 g Mehl
¼ TL frisch gemahlener schwarzer Pfeffer
1 Prise frisch geriebene Muskatnuss
100 g Zwiebeln, fein gehackt
225 g saure Sahne
1,4 kg grüne Bohnen
100 g Emmentaler, gerieben
25 g Semmelbrösel

Den Backofen auf 200 °C vorheizen. Die Hälfte der Butter in einem großen Topf bei niedriger Temperatur zerlassen. Salz, Zucker, Mehl, Pfeffer, Muskatnuss und Zwiebeln zugeben. Die saure Sahne einrühren und die Mischung erhitzen. Vom Herd nehmen.

Die Bohnen in 2,5 cm lange Stücke schneiden und in einem großen Topf mit kochendem Salzwasser etwa 7 Minuten garen, bis sie bissfest sind. Die Bohnen unter die Sahne heben und alles in eine mittelgroße, leicht gefettete Auflaufform füllen. Die restliche Butter zerlassen und mit geriebenem Käse und Semmelbröseln mischen. Auf den Bohnen verteilen und das Gericht 20 Minuten überbacken.

Für 4–6 Personen

Nudelauflauf mit Brokkoli

Variationen auf Seite 201

Durch die Nudeln ist dieses vegetarische Gericht eine sättigende Mahlzeit.

25 g Butter, plus etwas mehr zum Einfetten
1 große Zwiebel, fein gehackt
450 g Champignons, gehackt
900 g Brokkoliröschen und geschälte, in Scheiben geschnittene Brokkolistiele
Salz und frisch gemahlener schwarzer Pfeffer nach Geschmack
50 ml trockener Weißwein
3 Eier
700 g Ricotta
225 g Naturjoghurt
1 Prise Cayennepfeffer
1 Prise frisch geriebene Muskatnuss
700 g breite Bandnudeln
50 g Semmelbrösel
125 g alter Gouda, gerieben

Den Backofen auf 175 °C vorheizen. In einer großen Pfanne 15 g Butter zerlassen. Zwiebel, Pilze und Brokkoli 6–8 Minuten andünsten, bis die Zwiebel glasig und das Gemüse weich ist. Mit Salz und Pfeffer würzen, mit dem Weißwein ablöschen und beiseitestellen. In einer Schüssel Eier, Ricotta, Joghurt, Cayennepfeffer und Muskatnuss verquirlen. Beiseitestellen. Die Nudeln in einem großen Topf mit leicht gesalzenem Wasser gemäß Packungsanweisung kochen, bis sie al dente sind. Abtropfen lassen und die restliche Butter untermengen.

Das Gemüse unter die Ei-Joghurt-Mischung heben. Die Nudeln und die Hälfte der Semmelbrösel unterrühren. Die Mischung in eine große, leicht gefettete Auflaufform füllen. Die restlichen Semmelbrösel mit dem Käse mischen und den Auflauf damit bestreuen. Mit Alufolie abdecken und 30 Minuten überbacken. Die Folie entfernen und weitere 15 Minuten überbacken, bis der Auflauf heiß ist und eine goldbraune Kruste hat.

Für 6 Personen

Kichererbseneintopf mit Korinthen-Couscous

Variationen auf Seite 202

In den Ländern Nordafrikas wird dieses Gericht in einer Tajine, einem raffinierten Kochgefäß mit kegelförmigem Deckel, zubereitet. Wer keine Tajine hat, benutzt für dieses vegane Rezept einen großen Schmortopf mit fest schließendem Deckel. Achten Sie darauf, beim Anheben des Deckels das Kondenswasser in den Topf tropfen zu lassen.

50 ml Olivenöl
1 Zwiebel, fein gehackt
3 Knoblauchzehen, fein gehackt
½ TL gemahlener Kreuzkümmel
½ TL gemahlene Kurkuma
¼ TL Cayennepfeffer
1 TL mildes Delikatess-Paprikapulver
2 TL Tomatenmark
1 TL Aprikosenkonfitüre
2 EL fein gehackte frische glatte Petersilie
2 EL fein gehackter frischer Koriander
225 ml Wasser, bei Bedarf auch mehr
450 g Kirschtomaten
425 g Kichererbsen aus der Dose, abgetropft
1 TL Salz
1 Prise frisch gemahlener schwarzer Pfeffer
225 ml Gemüsebrühe
225 g Couscous
75 g Korinthen
75 g Pinienkerne
25 g fein gehackte frische Minze

Das Öl in einer Tajine oder einem großen Topf bei mittlerer Temperatur erhitzen. Die Zwiebel darin 5 Minuten weich und glasig dünsten. Den Knoblauch zugeben und 1 Minute mitdünsten, dann Kreuzkümmel, Kurkuma und Cayennepfeffer zugeben. Alles unter ständigem Rühren 1 Minute erhitzen. Paprikapulver, Tomatenmark, Aprikosenkonfitüre und je 1 Esslöffel Petersilie und Koriander zufügen und alles gut verrühren. Wasser, Tomaten und Kichererbsen zugeben. Mit Salz und Pfeffer würzen und bei geschlossenem Deckel 15–20 Minuten köcheln

lassen, bis alles heiß ist und die Haut der Tomaten platzt. Bis zum Servieren warm halten. Fünf Minuten vor dem Servieren den Couscous zubereiten. Die Gemüsebrühe in einem kleinen Topf mit gut schließendem Deckel aufkochen. Vom Herd nehmen und den Couscous einrühren. Abgedeckt 5 Minuten quellen lassen. Den Couscous mit einer Gabel auflockern. Korinthen, Pinienkerne und Minze unterrühren. Nochmals auflockern und mit restlicher Petersilie und restlichem Koriander servieren.

Für 4 Personen

Wirsing-Grünkohl-Auflauf mit Tofu

Variationen auf Seite 203

Ein veganer Auflauf mit deftigem Wintergemüse und einem leckeren Belag aus zerbröseltem Tofu.

5 EL Olivenöl
2 Zwiebeln, in dünne Ringe geschnitten
450 g Wirsing, Strunk entfernt, Blätter quer in dünne Streifen geschnitten
450 g Grünkohl, Stiele und Blattrippen entfernt, grob gehackt und 30 Minuten vorgegart
3 Karotten, in feine Stifte geschnitten
225 ml Wasser
2 EL Sojasauce
3/4 TL Salz
75 g Semmelbrösel
175 g schnittfester Tofu, abgetropft und grob gehackt
2 TL getrocknetes Basilikum
1 1/2 TL getrockneter Oregano
1 TL mildes Delikatess-Paprikapulver
2 Knoblauchzehen, fein gehackt

Den Backofen auf 175 °C vorheizen. 2 Esslöffel Öl in einem Wok oder einer hochrandigen Pfanne bei mittlerer Temperatur erhitzen. Die Zwiebeln 7 Minuten anbraten, bis sie zu bräunen beginnen. Wirsing und Grünkohl, Karotten, Wasser, Sojasauce und 1/2 Teelöffel Salz zugeben. Gut umrühren, den Deckel auflegen und 8 Minuten unter gelegentlichem Rühren garen. Wenn das Gemüse weich ist, die Mischung in eine große, leicht mit Öl eingefettete Auflaufform umfüllen. Semmelbrösel, Tofu, Basilikum, Oregano, Paprikapulver, Knoblauch und restliches Salz im Mixer kurz zerkleinern (oder mit einer Gabel zerdrücken). Die Tofu-Mischung auf dem Gemüse verteilen und 15–20 Minuten goldbraun überbacken.

Für 4–6 Personen

Variationen

Kürbistopf

Grundrezept auf Seite 179

Kürbistopf mit Sonnenblumenkernen
Gemäß Grundrezept zubereiten. Vor dem Überbacken mit 50 g gehackten Sonnenblumenkernen bestreuen.

Kürbistopf mit bunter Paprika
Gemäß Grundrezept zubereiten. Statt roter Paprika eine Mischung aus roter und grüner Paprika zugeben.

Kürbistopf mit Pinienkernen
Gemäß Grundrezept zubereiten. Vor dem Überbacken mit 50 g gehackten Pinienkernen bestreuen.

Kürbistopf mit Tofu
Gemäß Grundrezept zubereiten. Mit dem Feta zusätzlich 125 g zerbröselten Tofu zugeben.

Hokkaido-Kürbistopf
Gemäß Grundrezept zubereiten. Anstelle von Butternut-Kürbis die gleiche Menge Hokkaido-Kürbis verwenden.

Variationen

Porreeauflauf mit Gerste

Grundrezept auf Seite 180

Veganer Porreeauflauf mit Gerste
Gemäß Grundrezept zubereiten. Gouda und Feta durch 225 g Sojakäse ersetzen.

Porreeauflauf mit Gerste & Paprika
Gemäß Grundrezept zubereiten. Zusammen mit dem anderen Gemüse 1 gewürfelte, große rote Paprika zugeben.

Porreeauflauf mit Gerste & Ziegenkäse
Gemäß Grundrezept zubereiten. Dabei anstelle von Feta 100 g Ziegenweichkäse verwenden.

Porreeauflauf mit Gerste & Oliven
Gemäß Grundrezept zubereiten. Mit dem Gemüse 100 g entsteinte und in Scheiben geschnittene schwarze Oliven zugeben.

Porreeauflauf mit Gerste & Brokkoli
Gemäß Grundrezept zubereiten. Mit dem Käse 1 Kopf in kleine Röschen zerteilten Brokkoli zugeben.

Variationen

Auberginen-Zucchini-Auflauf

Grundrezept auf Seite 183

Auberginen-Zucchini-Auflauf mit Champignons
Gemäß Grundrezept zubereiten. Mit Zwiebel und Knoblauch 225 g in Scheiben geschnittene Champignons zugeben.

Auberginen-Zucchini-Auflauf mit Ricotta
Gemäß Grundrezept zubereiten. Den Mozzarella durch die gleiche Menge Ricotta ersetzen. Den Ricotta wie den Mozzarella verarbeiten.

Auberginen-Zucchini-Auflauf mit Fontina
Gemäß Grundrezept zubereiten. Anstelle von Mozzarella die gleiche Menge in Scheiben geschnittenen Fontina verwenden.

Auberginen-Zucchini-Auflauf mit Oliven
Gemäß Grundrezept zubereiten. Mit den Tomaten 100 g entsteinte und in Scheiben geschnittene schwarze Oliven zugeben.

Auberginen-Zucchini-Auflauf mit Kräuterbröseln
Gemäß Grundrezept zubereiten. Das Mehl durch 35 g mit Kräutern vermischte Semmelbrösel ersetzen.

Variationen

Bohnen-Mais-Auflauf

Grundrezept auf Seite 184

Bohnen-Mais-Auflauf mit grünen Bohnen
Gemäß Grundrezept zubereiten. Statt Kidneybohnen grüne Bohnen verwenden.

Bohnen-Mais-Auflauf mit Frühlingszwiebeln
Gemäß Grundrezept zubereiten. Dabei den gehackten Koriander durch 50 g gehackte Frühlingszwiebeln ersetzen.

Bohnen-Mais-Auflauf mit Grünkohl
Gemäß Grundrezept zubereiten. Den Spinat durch die gleiche Menge geputzten, grob gehackten und 30 Minuten vorgekochten Grünkohl ersetzen.

Bohnen-Mais-Auflauf mit Paprika
Gemäß Grundrezept zubereiten. Mit dem Mais zusätzlich 225 g gehackte rote Paprika zugeben.

Bohnen-Mais-Auflauf mit Kreuzkümmel & Chili
Gemäß Grundrezept zubereiten. Zu den Zwiebeln 1 Teelöffel gemahlenen Kreuzkümmel und ½ Teelöffel Chilipulver geben.

Variationen

Käseschindeln

Grundrezept auf Seite 187

Käseschindeln mit Basilikum
Gemäß Grundrezept zubereiten. Den Dill durch frisches Basilikum ersetzen.

Käseschindeln mit Bauernbrot
Gemäß Grundrezept zubereiten. Das Baguette durch die gleiche Menge Sauerteigbrot ersetzen.

Käseschindeln mit Spinat
Gemäß Grundrezept zubereiten. 100 g grob gehackten, frischen Spinat zur Eiermischung geben.

Käseschindeln mit Frischkäse
Gemäß Grundrezept zubereiten. 225 g zerdrückten Frischkäse unter die Eiermischung rühren.

Käseschindeln mit Tomaten
Gemäß Grundrezept zubereiten. Je 4 Tomatenscheiben auf die untere und die obere Schicht Brot legen.

Variationen

Schweizer Bohnentopf

Grundrezept auf Seite 188

Schweizer Bohnentopf mit Gouda
Gemäß Grundrezept zubereiten. Den Emmentaler durch die gleiche Menge geriebenen Gouda ersetzen.

Bunter Bohnentopf
Gemäß Grundrezept zubereiten, aber eine Mischung von Bohnensorten in verschiedenen Farben verwenden.

Schweizer Bohnentopf grün-weiß
Gemäß Grundrezept zubereiten, jedoch nur 800 g grüne Bohnen und dazu 400 g weiße Bohnenkerne aus dem Glas verwenden.

Schweizer Bohnentopf mit Salbei
Gemäß Grundrezept zubereiten. 1 Esslöffel frisch gehackte Salbeiblätter zur Sahnemischung geben.

Nudelauflauf mit Brokkoli

Grundrezept auf Seite 191

Reisauflauf mit Brokkoli
Gemäß Grundrezept zubereiten. Die Nudeln durch Reis ersetzen.

Nudelauflauf mit Brokkoli & braunen Champignons
Gemäß Grundrezept zubereiten, jedoch mit braunen Champignons.

Nudelauflauf mit Rapini
Gemäß Grundrezept zubereiten. Den Brokkoli durch 5–6 grob gehackte Cime di Rapa (Stängelkohl) ersetzen.

Orzo mit Brokkoli
Gemäß Grundrezept zubereiten. Statt gekochter Nudeln 450 g gegarte Orzo (Reiskornnudeln) verwenden.

Variationen

Kichererbseneintopf mit Korinthen-Couscous

Grundrezept auf Seite 192

Kichererbsen-Kürbis-Eintopf mit Korinthen-Couscous
Gemäß Grundrezept zubereiten, zusätzlich 450 g Butternut-Kürbis zugeben. Den Kürbis schälen, entkernen und würfeln, mit den Zwiebeln in den Topf geben und 20 Minuten garen. Wie im Rezept angegeben fortfahren.

Kichererbsen-Zucchini-Eintopf mit Korinthen-Couscous
Gemäß Grundrezept zubereiten. Mit den Tomaten 1 gewürfelte kleine Zucchini zugeben.

Kichererbsen-Grünkohl-Eintopf mit Korinthen-Couscous
Gemäß Grundrezept zubereiten. Mit den Tomaten 225 g grob gehackten und 30 Minuten vorgegarten Grünkohl zugeben.

Kichererbsen-Auberginen-Eintopf mit Korinthen-Couscous
Gemäß Grundrezept zubereiten. Mit den Tomaten zusätzlich 1 gewürfelte Aubergine zugeben.

Variationen

Wirsing-Grünkohl-Auflauf mit Tofu

Grundrezept auf Seite 194

Wirsing-Mangold-Auflauf mit Tofu
Gemäß Grundrezept zubereiten. Anstelle von Grünkohl Mangold verwenden, diesen aber nicht vorgaren.

Wirsing-Grünkohl-Auflauf mit Tomaten
Gemäß Grundrezept zubereiten. Auf das Gemüse in der Auflaufform 225 g halbierte Kirschtomaten legen, erst dann den Tofu darauf verteilen.

Rotkohl-Grünkohl-Auflauf mit Tofu
Gemäß Grundrezept zubereiten, aber den Wirsing durch Rotkohl ersetzen.

Wirsing-Grünkohl-Auflauf mit Kürbiskernen
Gemäß Grundrezept zubereiten. 50 g gehackte Kürbiskerne unter die Tofu-Mischung rühren und auf dem Gemüse verteilen.

Leicht & lecker

Wer sich gesund und kalorienbewusst ernähren möchte, findet in diesem Kapitel eine Fülle von Rezepten mit wenig Fett, aber viel Geschmack. Und auch Familienmitglieder, die nicht auf ihre Figur achten müssen, werden begeistert sein.

Zucchiniauflauf mit Polenta

Variationen auf Seite 221

Feine Polenta, milde Zucchini und geschmolzener Käse machen diesen leichten Auflauf einfach verführerisch!

2 EL Olivenöl, plus etwas mehr zum Einfetten
2 kleine Zucchini, fein gehackt
½ TL Salz
½ TL frisch gemahlener schwarzer Pfeffer
350 ml einfache Tomatensauce (Fertigprodukt)
6–8 grob zerpflückte frische Basilikumblätter
400 g Polenta (vorgekocht), in 6 dünne Scheiben geschnitten
300 g fettarmer Mozzarella, gerieben

Den Backofen auf 230 °C vorheizen. Eine große Auflaufform leicht mit etwas Öl einfetten. Das Öl in einer großen Pfanne bei mittlerer bis hoher Temperatur erhitzen. Zucchini mit Salz und Pfeffer darin 6 Minuten andünsten, bis die Zucchini gar sind und zu bräunen beginnen. Die Tomatensauce unterrühren und 3 Minuten durchwärmen. Vom Herd nehmen und das Basilikum einrühren.

Die Polentascheiben in einer Schicht in die Auflaufform legen. Mit 150 g geriebenem Käse bestreuen. Die Zucchini darauf verteilen und mit dem restlichen Käse bestreuen. 15 Minuten überbacken, bis der Auflauf brodelt. Vor dem Servieren auf einem Kuchengitter 5 Minuten abkühlen lassen.

Für 6–8 Personen

Kürbis-Lasagne

Variationen auf Seite 222

Eine fettarme Lasagne-Variante mit gebackenem Kürbis und würzigen Pilzen.

2 Butternut-Kürbisse
2 EL Olivenöl, plus etwas mehr zum Einfetten
3 Knoblauchzehen, fein gehackt
900 g Champignons, in Scheiben geschnitten
¼ TL Salz
350 g Kondensmilch
100 g Schalotten, in dünne Ringe geschnitten
1 EL fein gehackte frische Salbeiblätter
Salz und frisch gemahlener schwarzer Pfeffer nach Geschmack
225 g Vollkorn-Lasagneblätter (etwa 9 Stück)

Den Backofen auf 200 °C vorheizen. Einen Kürbis schälen und in 1 cm große Würfel schneiden. Beiseitestellen. Vom anderen Kürbis die Enden abschneiden, dann längs halbieren und die Kerne entfernen. Ein Backblech leicht mit etwas Öl einfetten und die Kürbishälften mit der Schnittfläche nach unten darauflegen. 40–45 Minuten backen, bis das Fruchtfleisch weich ist. Dann zum Abkühlen beiseitestellen.

Das Öl bei mittlerer Temperatur in einer großen Pfanne erhitzen. 2 Knoblauchzehen zugeben und 10 Sekunden dünsten, bis sie zu duften beginnen. Pilze und Salz zugeben. Auf hohe Temperatur umschalten und 6 Minuten anbraten. Vom Herd nehmen, die Kürbiswürfel zufügen und beiseitestellen.

In einem mittelgroßen Topf Kondensmilch, Schalotten, restlichen Knoblauch und Salbei verrühren. Aufkochen, abdecken und vom Herd nehmen. Das gegarte Kürbisfleisch aus den Schalen schaben und zerdrücken (die Schale wegwerfen). Gründlich mit der Milchmischung verrühren. Mit Salz und Pfeffer würzen und beiseitestellen.

In einem großen Topf mit leicht gesalzenem Wasser die Lasagneblätter etwa 7 Minuten kochen, bis sie gerade al dente sind. Eine flache Auflaufform (23 cm x 33 cm) leicht einfetten. Ein Viertel der Kürbismischung einfüllen und mit 3 Lasagneblättern abdecken. Falls nötig, die Blätter zurechtschneiden. Die Hälfte der Pilzmischung darauf verteilen und mit einer dünnen Schicht Kürbismischung bestreichen. Die Schichtreihenfolge noch zweimal wiederholen: Nudeln, Kürbis, Nudeln, Pilze, Kürbis. Die Lasagne mit Alufolie abdecken und 20 Minuten backen. Die Folie entfernen und weitere 10 Minuten überbacken. Vor dem Servieren auf einem Kuchengitter 10 Minuten abkühlen lassen.

Für 4–6 Personen

Kürbistopf mit Bohnen

Variationen auf Seite 223

Kürbis ist nicht nur dekorativ, sondern außerordentlich lecker – das beweist dieses vegane Gericht.

450 g Kürbis (z. B. Gelber Zentner), geschält, entkernt und gewürfelt
4 Knoblauchzehen, fein gehackt
1 l Gemüsebrühe
1 EL Olivenöl
450 g Zwiebeln, fein gehackt
450 g rote Paprika, gewürfelt
2 TL getrocknetes Basilikum
225 g Maiskörner aus der Dose
750 g weiße Bohnen aus der Dose (mit Sud)
1 EL frisch gepresster Limettensaft
Salz und frisch gemahlener schwarzer Pfeffer nach Geschmack
2 EL fein gehackte frische glatte Petersilie, zum Garnieren

Kürbiswürfel und Knoblauch in einem großen Topf mit der Gemüsebrühe bedecken und bei mittlerer bis hoher Temperatur zum Kochen bringen. Die Hitze reduzieren und die Kürbismischung abgedeckt 15–20 Minuten garen. Mit einem Pürierstab oder im Mixer glatt pürieren und beiseitestellen.

In einem anderen Topf das Olivenöl bei mittlerer bis niedriger Temperatur erhitzen. Zwiebeln und Paprika darin 15 Minuten anbraten, bis sie zu bräunen beginnen. Das Basilikum unterrühren. Das Kürbispüree zugeben und gut verrühren. Mais und Bohnen mit dem Sud einrühren. Bei mittlerer bis niedriger Temperatur unter häufigem Rühren gut durchwärmen. Den Limettensaft einrühren und mit Salz und Pfeffer abschmecken. Zum Servieren in Schalen füllen und mit der Petersilie bestreuen.

Für 4 Personen

Auflauf mit dreierlei Paprika

Variationen auf Seite 224

Chiliflocken und Paprikapulver mitgerechnet, enthält der Auflauf sogar fünf Paprikasorten.

25 g Butter, plus etwas mehr zum Einfetten
2 EL Olivenöl
450 g Zwiebeln, in dünne Ringe geschnitten
2 Knoblauchzehen, fein gehackt
1 TL Salz
1 TL gemahlener Koriander
1 TL gemahlener Kreuzkümmel
½ TL Senfpulver
¼ TL rote Chiliflocken, zerdrückt
2 grüne Paprika, in feine Streifen geschnitten
2 gelbe Paprika, in feine Streifen geschnitten
2 rote Paprika, in feine Streifen geschnitten
30 g Mehl
125 g fettreduzierter Gouda, gerieben
4 Eier
350 g Naturjoghurt
1 Prise mildes Delikatess-Paprikapulver

Den Backofen auf 190 °C vorheizen. Butter und Öl in einer großen Pfanne erhitzen. Zwiebeln und Knoblauch zufügen, dann Salz, Koriander, Kreuzkümmel, Senfpulver und Chiliflocken einrühren. 5 Minuten dünsten, bis die Zwiebeln glasig sind. Die Paprikastreifen zufügen und 10 Minuten mitdünsten, bis sie weich werden. Das Mehl darüberstreuen und sorgfältig einrühren. Eine große Auflaufform leicht mit Butter einfetten. Die Hälfte der Paprikamischung auf dem Formboden verteilen. Mit der Hälfte des geriebenen Käses bestreuen. Die restliche Paprikamischung darauf verteilen und mit dem restlichen Käse bestreuen.

In einer mittelgroßen Schüssel Eier und Joghurt verquirlen. Die Mischung über das Gemüse gießen und mit Paprikapulver bestreuen. Die Form mit Alufolie abdecken und 40 Minuten backen. Die Folie abnehmen und das Gericht weitere 15 Minuten backen, bis die Sauce brodelt und die Oberfläche braun wird.

Für 6 Personen

Linsentopf mit Wurzelgemüse

Variationen auf Seite 225

Herzhaft, gesund und in weniger als einer Stunde auf dem Tisch.

3 EL Olivenöl
225 g Steckrübe oder Petersilienwurzel, gewürfelt
225 g Pastinaken, gewürfelt
225 g Karotten, gewürfelt
2 Selleriestangen, gehackt
450 g Zwiebeln, fein gehackt
175 g braune oder rote Linsen
2 Knoblauchzehen, fein gehackt
400 g ganze Tomaten aus der Dose (mit Saft)
600 ml Gemüsebrühe
Salz und frisch gemahlener schwarzer Pfeffer nach Geschmack
2 TL frisch gepresster Zitronensaft
2 EL fein gehackte frische glatte Petersilie, zum Garnieren

Das Öl bei mittlerer Temperatur in einem großen Schmortopf oder Bräter erhitzen. Steckrüben, Pastinaken, Karotten, Sellerie und Zwiebeln 5 Minuten unter gelegentlichem Rühren andünsten. Linsen und Knoblauch zufügen und 5 Minuten unter häufigem Rühren mitdünsten. Tomaten, Brühe sowie Salz und Pfeffer zugeben. Zum Kochen bringen, die Hitze reduzieren und das Gemüse abgedeckt 30–45 Minuten köcheln lassen, bis die Linsen weich sind. Den Zitronensaft einrühren. Zum Servieren mit der Petersilie bestreuen.

Für 4 Personen

Süßer Kürbisauflauf mit Birnen

Variationen auf Seite 226

Eine leichte Variante des traditionellen amerikanischen Thanksgiving-Nachtischs.

700 g Butternut-Kürbis, geschält, entkernt und gewürfelt
450 g Birnen, geschält, entkernt und gewürfelt
2 EL Apfelsaft
900 g geschälte und gekochte Esskastanien (Fertigprodukt), gewürfelt
1 Banane, zerdrückt
75 g Kondensmilch
1 TL Zimt
½ TL frisch geriebene Muskatnuss
¼ TL gemahlener Kardamom
2 Eier
Butter, zum Einfetten
175 g Haferflocken
50 g brauner Zucker

Den Kürbis in einem großen Topf mit Wasser bedecken, aufkochen und bei niedriger Temperatur 20 Minuten weich kochen. Abtropfen lassen und beiseitestellen. In einer mittelgroßen Pfanne bei mittlerer bis hoher Temperatur die Birnen im Apfelsaft 5–6 Minuten dünsten, bis sie weich sind. Esskastanien, Kürbis und Birnen in einen Mixer oder eine große Schüssel füllen. Banane, Kondensmilch, Zimt, Muskatnuss, Kardamom und Eier zugeben und alles pürieren oder mit einer Gabel gut zerdrücken.

Den Backofen auf 175 °C vorheizen. Eine große Auflaufform (oder mehrere kleine Formen) leicht einfetten. Die Masse in die Form geben und die Oberfläche mit einem Teigschaber glätten. Haferflocken und Zucker in einer Schüssel mischen und über die Masse streuen. 30 Minuten überbacken, bis der Auflauf heiß und gut gebräunt ist.

Für 12 Personen

Blumenkohlgratin mit roter Paprika

Variationen auf Seite 227

Blumenkohl und Paprika – eine köstliche und auch optisch sehr ansprechende Kombination.

Butter, zum Einfetten
1 großer Blumenkohl, in Röschen zerteilt
1 große rote Paprika, in Streifen geschnitten
350 ml fettarme Milch
40 g Mehl
abgeriebene Schale von 1 Zitrone
1 1/4 TL getrocknetes Basilikum
1/2 TL Salz
1/2 TL frisch gemahlener schwarzer Pfeffer
125 g fettarmer Frischkäse, verrührt
1 EL Butter, zerlassen
100 g Semmelbrösel
50 g Parmesan, frisch gerieben

Den Backofen auf 190 °C vorheizen. Eine große Auflaufform (23 cm x 33 cm) leicht einfetten und beiseitestellen. Den Blumenkohl in einem großen Topf mit kochendem Wasser etwa 3 Minuten kochen, bis er bissfest ist. Abtropfen lassen und in die vorbereitete Form füllen. Die Paprikastreifen darüber verteilen.

In einem mittelgroßen Topf bei mittlerer Temperatur Milch, Mehl, Zitronenschale, 1 Teelöffel Basilikum, Salz und schwarzen Pfeffer verquirlen. Die Sauce aufkochen und etwa 5 Minuten unter ständigem Rühren kochen, bis sie eindickt. Den Frischkäse einrühren und die Sauce über Blumenkohl und Paprika gießen.

In einer kleinen Schüssel zerlassene Butter mit Semmelbröseln, Parmesan und dem restlichen Basilikum vermischen. Über das Gratin streuen und 20 Minuten überbacken, bis die Sauce brodelt und die Oberfläche goldbraun ist. Vor dem Servieren 5 Minuten abkühlen lassen.

Für 6–8 Personen

Zitronenhähnchen mit Buchweizen

Variationen auf Seite 228

Es muss nicht immer Reis zum Hähnchen sein! Buchweizen hat ein leckeres nussiges Aroma. Da er glutenfrei ist, wird er auch von Menschen mit einer Glutenallergie vertragen.

2 TL Maiskeimöl
6 Hähnchenbrustfilets
Salz und frisch gemahlener schwarzer Pfeffer nach Geschmack
350 g Zwiebeln, fein gehackt
2 Knoblauchzehen, fein gehackt
350 g geschälter Buchweizen
½ TL gemahlener Kreuzkümmel
½ TL gemahlener Koriander
½ TL gemahlener Kardamom
Saft und abgeriebene Schale von 1 Zitrone
700 ml Hühnerbrühe

Den Backofen auf 175 °C vorheizen. Das Öl in einer großen Pfanne bei mittlerer Temperatur erhitzen. Das Fleisch darin von beiden Seiten anbraten. Mit Salz und Pfeffer würzen und in eine große Auflaufform legen. Die Zwiebeln in derselben Pfanne etwa 5 Minuten glasig dünsten. Den Knoblauch zugeben und 1 Minute mitbraten. Den Buchweizen zugeben und rühren, bis er ganz mit Öl überzogen ist. 1 Minute andünsten. Kreuzkümmel, Koriander, Kardamom, Zitronensaft und -schale zufügen. Gut umrühren, dann den Buchweizen über das Hähnchenfleisch geben.

Die Hühnerbrühe in einem mittelgroßen Topf zum Kochen bringen. Über Buchweizen und Fleisch gießen. Die Form gut mit Alufolie abdecken und im Ofen 45 Minuten backen, bis das Fleisch gar ist und der Buchweizen den Großteil der Brühe aufgesogen hat.

Für 6 Personen

Putenschmortopf mit Senf

Variationen auf Seite 229

Putenfleisch mit Senf und Weißwein – damit kann man Gäste verwöhnen.

1 EL Olivenöl, plus 1 TL mehr
2 große Porreestangen, in sehr feine Streifen geschnitten
3 Knoblauchzehen, fein gehackt
700 g Putenbrustfilet, in mundgerechte Stücke geschnitten
50 g Mehl, plus 1 EL mehr
½ TL Salz
½ TL frisch gemahlener schwarzer Pfeffer
225 ml trockener Weißwein
700 ml Hühnerbrühe
350 ml Wasser
2 EL Senf
450 g Kartoffeln, in 1 cm große Stücke geschnitten
3 Karotten, grob gehackt
1 Prise rote Chiliflocken, zerdrückt

1 Teelöffel Öl in einem Bräter bei mittlerer bis hoher Temperatur erhitzen. Den Porree darin etwa 6 Minuten anbraten, bis er goldbraun und weich ist. Den Knoblauch zufügen und ebenfalls 1 Minute braten. Porree und Knoblauch in eine Schüssel füllen und beiseitestellen.

Das Fleisch in dem Mehl wenden, überschüssiges Mehl abklopfen. Das restliche Öl im Bräter erhitzen und das Fleisch rundum anbraten. Mit 1 Prise Salz und Pfeffer würzen. Das Fleisch zu Porree und Knoblauch geben. Den Bratensatz im Bräter mit dem Wein ablöschen und lösen. 1 Esslöffel Mehl mit 225 ml Brühe glatt rühren und zum Wein in den Bräter geben. Gut umrühren, dann restliche Brühe, Wasser und Senf einrühren. Zum Kochen bringen. Fleisch, Porree und Knoblauch wieder zugeben. Mit dem restlichen Salz und Pfeffer würzen, die Hitze reduzieren und das Gericht 30 Minuten köcheln lassen. Kartoffeln und Karotten zufügen, abdecken und nochmals 30 Minuten garen. Mit den Chiliflocken bestreuen und servieren.

Für 6 Personen

Variationen

Zucchiniauflauf mit Polenta

Grundrezept auf Seite 205

Zucchini-Auberginen-Auflauf mit Polenta
Gemäß Grundrezept zubereiten. 1 Zucchini durch 1 ungeschälte, gewürfelte Aubergine ersetzen.

Zucchiniauflauf mit Polenta & Oliven
Gemäß Grundrezept zubereiten. Vor dem Einrühren des Basilikums zusätzlich 225 g entsteinte und gehackte schwarze Oliven zur Tomatensauce geben.

Zucchini-Sommerkürbis-Auflauf mit Polenta
Gemäß Grundrezept zubereiten, aber 1 Zucchini durch 1 kleinen Sommerkürbis ersetzen.

Zucchini-Paprika-Auflauf mit Polenta
Gemäß Grundrezept zubereiten. Beim Andünsten der Zucchini 225 g gewürfelte rote Paprika zugeben.

Zucchiniauflauf mit Polenta & Ziegenkäse
Gemäß Grundrezept zubereiten. Den Mozzarella durch die gleiche Menge Ziegenkäse ersetzen.

Variationen

Kürbis-Lasagne

Grundrezept auf Seite 206

Kürbis-Lasagne mit Shiitake-Pilzen
Gemäß Grundrezept zubereiten. 225 g der Champignons durch die gleiche Menge Shiitake-Pilze ersetzen.

Hokkaido-Lasagne
Gemäß Grundrezept zubereiten, aber anstelle von Butternut-Kürbis die gleiche Menge Hokkaido-Kürbis verwenden.

Kürbis-Lasagne mit Oregano
Gemäß Grundrezept zubereiten. Den Salbei durch ½ Teelöffel getrockneten Oregano ersetzen.

Kürbis-Lasagne mit Haselnüssen
Gemäß Grundrezept zubereiten. Zur Pilz-Kürbis-Mischung 100 g geröstete und fein gehackte Haselnüsse geben.

Kürbis-Lasagne mit Spinat
Gemäß Grundrezept zubereiten. Zur Pilz-Kürbis-Mischung 225 g grob gehackten, frischen Spinat geben.

Variationen

Kürbistopf mit Bohnen

Grundrezept auf Seite 209

Butternut-Kürbistopf mit Bohnen
Gemäß Grundrezept zubereiten. Als Kürbissorte Butternut-Kürbis verwenden.

Kürbistopf mit Erbsen
Gemäß Grundrezept zubereiten. Die Bohnen durch die gleiche Menge Erbsen ersetzen.

Kürbistopf mit Kidneybohnen
Gemäß Grundrezept zubereiten. Die weißen Bohnen durch die gleiche Menge Kidneybohnen ersetzen.

Kürbistopf mit Bohnen & Chili
Gemäß Grundrezept zubereiten. Mit dem Basilikum ¼ Teelöffel scharfes Chilipulver zugeben.

Kürbistopf mit Bohnen & Tomaten
Gemäß Grundrezept zubereiten. 350 g ganze Tomaten aus der Dose mit Saft zur Zwiebelmischung geben. Erst dann Kürbis und Mais zufügen.

Variationen

Auflauf mit dreierlei Paprika

Grundrezept auf Seite 210

Auflauf mit dreierlei Paprika & Chili-Käse
Gemäß Grundrezept zubereiten. Den fettreduzierten Gouda durch die gleiche Menge würzigen Käse (z. B. Havarti) mit Chili ersetzen.

Auflauf mit dreierlei Paprika & Mozzarella
Gemäß Grundrezept zubereiten. Den Gouda durch die gleiche Menge fettreduzierten Mozzarella ersetzen.

Auflauf mit dreierlei Paprika & frischem Koriander
Gemäß Grundrezept zubereiten. Jede Portion mit 2 Teelöffeln frisch gehackten Korianderblättern garnieren.

Auflauf mit dreierlei Paprika & Mais
Gemäß Grundrezept zubereiten. Auf jede Lage der Paprikamischung zusätzlich 100 g Maiskörner aus der Dose streuen.

Auflauf mit dreierlei Paprika & grünen Bohnen
Gemäß Grundrezept zubereiten. 100 g in 2,5 cm lange Stücke geschnittene grüne Bohnen mit den Paprika mischen.

Variationen

Linsentopf mit Wurzelgemüse

Grundrezept auf Seite 213

Gerstentopf mit Wurzelgemüse
Gemäß Grundrezept zubereiten. Dabei aber statt Linsen die gleiche Menge Gerste verwenden.

Quinoa-Topf mit Wurzelgemüse
Gemäß Grundrezept zubereiten. Dabei aber statt Linsen die gleiche Menge Quinoa (Bioladen) verwenden.

Linsentopf mit Wurzelgemüse & Thymian
Gemäß Grundrezept zubereiten. Mit den Tomaten ½ Teelöffel getrockneten Thymian zufügen.

Linsentopf mit Wurzelgemüse & Süßkartoffeln
Gemäß Grundrezept zubereiten. Mit dem Wurzelgemüse 450 g fein gewürfelte Süßkartoffeln zugeben.

Linsentopf mit Wurzelgemüse & Fenchel
Gemäß Grundrezept zubereiten. Mit dem Wurzelgemüse 1 grob gehackte Fenchelknolle, Strunk entfernt, zufügen.

Variationen

Süßer Kürbisauflauf mit Birnen

Grundrezept auf Seite 214

Leichter Kürbisauflauf mit Birnen
Gemäß Grundrezept zubereiten, aber den Haferflockenbelag weglassen.

Süßer Kürbisauflauf mit Äpfeln
Gemäß Grundrezept zubereiten. Die Birnen durch die gleiche Menge geschälte und gewürfelte Äpfel ersetzen.

Süßer Kürbisauflauf mit Birnen & Knuspermüsli
Gemäß Grundrezept zubereiten. Anstelle der Haferflocken die gleiche Menge fertiges Knuspermüsli verwenden.

Süßer Kürbisauflauf mit Birnen & Rosinen
Gemäß Grundrezept zubereiten. Nach dem Mixen bzw. Zerdrücken 100 g Rosinen unter die Masse rühren.

Variationen

Blumenkohlgratin mit roter Paprika

Grundrezept auf Seite 217

Brokkoligratin mit roter Paprika
Gemäß Grundrezept zubereiten. Den Blumenkohl durch die gleiche Menge Brokkoliröschen ersetzen.

Blumenkohlgratin mit roter Paprika & Feta
Gemäß Grundrezept zubereiten. Den Frischkäse durch die gleiche Menge zerbröselten Feta ersetzen.

Blumenkohlgratin mit roter Paprika & sonnengetrockneten Tomaten
Gemäß Grundrezept zubereiten. Mit der roten Paprika 75 g gehackte, sonnengetrocknete Tomaten zufügen.

Blumenkohlgratin mit roter Paprika & Artischockenherzen
Gemäß Grundrezept zubereiten. Mit der roten Paprika 100 g abgetropfte und grob gehackte Artischockenherzen aus der Dose zugeben.

Variationen

Zitronenhähnchen mit Buchweizen

Grundrezept auf Seite 218

Zitronenhähnchen mit Gerste
Gemäß Grundrezept zubereiten. Anstelle des Buchweizens die gleiche Menge Gerste verwenden.

Zitronenhähnchen mit Buchweizen & Erbsen
Gemäß Grundrezept zubereiten. 20 Minuten vor Ende der Garzeit noch 225 g Erbsen, frisch oder tiefgefroren, zugeben.

Zitronenhähnchen mit Buchweizen & Oliven
Gemäß Grundrezept zubereiten. Mit der Brühe 100 g entsteine, halbierte Oliven zufügen.

Zitronenpute mit Buchweizen
Gemäß Grundrezept zubereiten. Das Hähnchenfleisch durch die gleiche Menge Putenbrustfilet ersetzen.

Putenschmortopf mit Senf

Grundrezept auf Seite 220

Hähnchenschmortopf mit Senf
Gemäß Grundrezept zubereiten. Anstelle von Putenfleisch die gleiche Menge Hähnchenbrustfilet verwenden.

Putenschmortopf mit körnigem Senf
Gemäß Grundrezept zubereiten. Den Senf durch die gleiche Menge körnigen Senf ersetzen.

Putenschmortopf mit Estragonsenf
Gemäß Grundrezept zubereiten. Den Senf durch die gleiche Menge Estragonsenf ersetzen.

Putenschmortopf mit Mango-Chutney
Gemäß Grundrezept zubereiten. Den Senf mit 75 g Mango-Chutney verrühren und erst dann zugeben.

Schnell & einfach

Wer wenig Zeit zum Kochen hat, findet im folgenden Kapitel gesunde, leckere Rezepte, die in kürzester Zeit auf dem Tisch stehen und nachher nicht viel Abwasch verursachen.

Schnelles Fischcurry

Variationen auf Seite 247

Für dieses Gericht, das in ein paar Minuten fertig ist, brauchen Sie nur eine Pfanne.

1 EL Maiskeimöl
225 g Zwiebeln, fein gehackt
1 Knoblauchzehe, fein gehackt
1–2 EL Madras-Currypaste (Asialaden)
400 g ganze Tomaten aus der Dose (mit Saft)
175 ml Gemüsebrühe
700 g Fischfilet (z. B. Kabeljau) ohne Haut, in mundgerechte Stücke geschnitten

Das Öl in einer großen Pfanne bei mittlerer Temperatur erhitzen. Zwiebeln und Knoblauch darin etwa 5 Minuten glasig dünsten. Die Currypaste zufügen und unter häufigem Rühren 2 Minuten mitdünsten. Tomaten und Brühe einrühren und zum Kochen bringen. Die Hitze reduzieren, die Fischstücke zufügen und 4–5 Minuten garen, bis sie nicht mehr glasig sind und leicht zerfallen.

Für 4 Personen

Hackfleisch-Champignon-Pfanne

Variationen auf Seite 248

Hierzu passen Reis oder frisches Baguette.

450 g mageres Rinderhackfleisch
1 Zwiebel, fein gehackt
1 Knoblauchzehe, fein gehackt
1 EL Worcestersauce
½ TL Salz
¼ TL frisch gemahlener schwarzer Pfeffer
2 Dosen Champignoncremesuppe
350 ml Milch
225 g Champignons in Scheiben aus der Dose, abgetropft
2 TL trockener Sherry
225 g saure Sahne
2 EL fein gehackte frische Petersilie, zum Garnieren

Rindfleisch und Zwiebel in einer großen Pfanne bei mittlerer bis hoher Temperatur etwa 5 Minuten anbraten. Den Knoblauch zugeben und 1 Minute mitbraten. Das Fett abgießen. Worcestersauce, Salz und Pfeffer einrühren. Champignoncremesuppe und Milch gründlich einrühren. Die Pilze zufügen und alles 4–5 Minuten leicht köcheln lassen. Sherry und saure Sahne einrühren und weitere 2 Minuten köcheln lassen. Vom Herd nehmen und mit gehackter Petersilie garniert servieren.

Für 6 Personen

Blitz-Lasagne

Variationen auf Seite 249

Wer Lasagne liebt, es aber eilig hat, sollte einmal dieses Rezept probieren.

1 EL Olivenöl
1 Zwiebel, in Ringe geschnitten
2 Knoblauchzehen, fein gehackt
1 rote Paprika, gehackt
900 g gewürfelte Tomaten aus der Dose (mit Saft)
2 EL frisch gehacktes Basilikum
½ TL getrockneter Oregano
Salz und frisch gemahlener schwarzer Pfeffer nach Geschmack
700 g flache Nudeln mit gewellten Rändern, z. B. Reginette oder Mafaldine
125 g Mozzarella, gerieben

In einem großen Topf Wasser mit etwas Salz zum Kochen bringen. Das Olivenöl in einer beschichteten Pfanne erhitzen. In dem heißen Öl Zwiebel, Knoblauch und rote Paprika 10 Minuten dünsten, bis die Zwiebel weich und hellbraun ist. Tomaten, Basilikum und Oregano zufügen und 5 Minuten köcheln lassen. Mit Salz und Pfeffer abschmecken.

Die Nudeln in das Salzwasser geben und nach Packungsanweisung kochen. Abtropfen lassen und in die Pfanne geben. Nudeln und Sauce sorgfältig mischen und 10 Minuten köcheln lassen, bis die Tomatensauce eindickt und die Nudeln gut umhüllt sind. Vom Herd nehmen und den Mozzarella auf den Nudeln verteilen. Den Deckel auflegen und einige Minuten stehen lassen, bis der Käse geschmolzen ist.

Für 4 Personen

Spinatauflauf mit Champignons

Variationen auf Seite 250

Champignons werden in der weißen und in der braunen Form angeboten. Welche Sie verwenden, ist Geschmackssache. Die weißen sind noch eine Spur milder als die braunen.

25 g Butter, plus etwas mehr zum Einfetten
225 g Champignons, in Scheiben geschnitten
1 Knoblauchzehe, fein gehackt
1 EL frisch gepresster Zitronensaft
500 g frischer Spinat
225 g Ricotta
1/4 TL getrockneter Oregano
1/2 TL Salz
1/4 TL frisch gemahlener schwarzer Pfeffer
1 Prise frisch geriebene Muskatnuss
6–8 Tomatenscheiben
200 g Mozzarella, gerieben
50 g Parmesan, frisch gerieben

Den Backofen auf 175 °C vorheizen. Die Butter bei mittlerer Temperatur in einer mittelgroßen Pfanne zerlassen. Pilze und Knoblauch darin 5 Minuten weich dünsten. Vom Herd nehmen, den Zitronensaft einrühren und beiseitestellen.

Den Spinat waschen und gut abtropfen lassen. In einem großen Topf nur mit der anhaftenden Flüssigkeit dünsten, bis die Blätter zusammenfallen. Nochmals gut abtropfen, dann den Spinat hacken und in eine große Schüssel füllen. Ricotta, Oregano, Salz, Pfeffer und Muskat sowie die Pilze zugeben und alles gut verrühren. Die Mischung in eine leicht eingefettete Auflaufform füllen. Mit den Tomatenscheiben abdecken, mit Mozzarella und Parmesan bestreuen und 30 Minuten überbacken, bis der Auflauf heiß ist und eine goldbraune Kruste hat.

Für 4 Personen

Schneller Kartoffelauflauf

Variationen auf Seite 251

Das schnelle Gericht mit Eiern und Kartoffeln schmeckt zu jeder Tageszeit.

450 g neue Kartoffeln, geviertelt
1 EL Olivenöl
1 Knoblauchzehe, fein gehackt
75 g Kirschtomaten, halbiert
8 Eier, verquirlt
Salz und frisch gemahlener schwarzer Pfeffer nach Geschmack

Die Kartoffeln in einem großen Topf mit leicht gesalzenem Wasser zum Kochen bringen und 8–10 Minuten garen. Abgießen und abtropfen lassen. Das Öl in einem großen, flachen Bräter bei mittlerer bis niedriger Temperatur erhitzen. Den Knoblauch darin 1 Minute anbraten.

Den Backofengrill vorheizen. Die Kartoffeln in den Bräter füllen, die Tomaten zufügen und alles mit den Eiern übergießen. Mit Salz und Pfeffer bestreuen. Auf dem Herd braten, bis das Ei am Bräterboden gestockt ist und sich mit einem Pfannenwender leicht anheben lässt. Dann unter den Grill schieben und 3 Minuten überbacken, bis das Ei auf der Oberseite gestockt ist und zu bräunen beginnt. In Tortenstücke schneiden und servieren.

Für 4 Personen

Putenauflauf

Variationen auf Seite 252

Schieben Sie Reste vom Festtagsbraten nicht hinten in den Kühlschrank, sondern bereiten Sie daraus dieses schnelle, leckere Gericht zu.

450 g gegartes, kaltes Putenfleisch, klein geschnitten
450 g gegarte Gemüsereste
100 ml Geflügel-Bratensauce (Rest oder Fertigprodukt)
450 g Kartoffelpüree oder Putenfüllung
frisch gemahlener schwarzer Pfeffer nach Geschmack

Den Backofen auf 175 °C vorheizen. Fleisch und Gemüse in einer großen Schüssel vermengen. Die Sauce unterheben. Die Mischung in eine Auflaufform (20 cm x 20 cm) füllen. Kartoffelpüree oder Reste der Bratenfüllung darauf verteilen. Mit Pfeffer bestreuen und 20–25 Minuten im Ofen überbacken.

Für 4 Personen

Quinoa mit Gemüse

Variationen auf Seite 253

Weil Quinoa ein glutenfreies Getreide ist, eignet sich dieses Gericht auch für Menschen mit Zöliakie.

350 g Quinoa (Reformhaus oder Bioladen)
700 ml Wasser
3 EL Olivenöl
225 g Zwiebeln, fein gehackt
1 gelbe Paprika, gehackt
100 g Cime di Rapa (Stängelkohl) oder Mangold, gehackt
3 Knoblauchzehen, fein gehackt
225 g Pilze, in Scheiben geschnitten
25 g fein gehackte frische Petersilie, zum Garnieren

Den Quinoa gut abspülen und mit dem Wasser in einen großen Topf geben. Umrühren und abgedeckt bei mittlerer bis niedriger Temperatur 15 Minuten garen, bis er weich ist und die Flüssigkeit aufgenommen hat.

Inzwischen 2 Esslöffel Öl in einer großen Pfanne erhitzen. Zwiebeln und Paprika darin 5 Minuten andünsten, bis die Zwiebel glasig ist. Cime di Rapa und Knoblauch zufügen und weitere 2 Minuten dünsten. In einer anderen, kleineren Pfanne das restliche Öl bei mittlerer Temperatur erhitzen. Die Pilze darin 5 Minuten dünsten, bis sie weich sind. Den gegarten Quinoa (die Flüssigkeit sollte aufgesogen sein) mit Gemüse und Pilzen mischen. Mit der Petersilie bestreuen und servieren.

Für 8 Personen

Brokkoli-Artischocken-Gratin

Variationen auf Seite 254

Eine feine Art, Brokkoli zu servieren.

700 g Brokkoliröschen
40 g Butter, plus etwas mehr zum Einfetten
400 g Artischockenherzen aus der Dose, abgetropft und halbiert
50 g Zwiebel, fein gehackt
25 g Mehl
Salz und frisch gemahlener schwarzer Pfeffer nach Geschmack
600 ml Milch
100 g Semmelbrösel
25 g Butter, zerlassen
50 g Parmesan, frisch gerieben

Den Backofen auf 175 °C vorheizen. Die Brokkoliröschen 6 Minuten garen (am besten in einem Dampfgarer), bis sie bissfest sind. Abtropfen lassen und in eine leicht mit Butter eingefettete Auflaufform geben. Die halbierten Artischockenherzen zufügen und behutsam mischen.

Für die Sauce die Butter in einem großen Topf bei mittlerer Temperatur zerlassen. Die Zwiebel darin 5 Minuten glasig dünsten. Mehl, Salz und Pfeffer zufügen und unter ständigem Rühren anschwitzen, bis die Mischung glatt ist und brodelt. Vom Herd nehmen. Die Milch mit einem Schneebesen unterrühren. Wieder erhitzen und 1–2 Minuten unter ständigem Rühren kochen, bis die Sauce eindickt. Über Brokkoli und Artischocken gießen.

In einer mittelgroßen Schüssel Semmelbrösel, zerlassene Butter und Parmesan mischen. Auf dem Gratin verteilen und 30–40 Minuten überbacken, bis die Sauce brodelt.

Für 4–6 Personen

Fleischauflauf mit Kartoffelhaube

Variationen auf Seite 255

Für Kartoffelpüree nehmen Sie am besten mehligkochende Kartoffeln. Die gegarten Kartoffeln mit einem Kartoffelstampfer zerdrücken, mit einem Pürierstab wird das Püree klebrig.

900 g mageres Rinderhackfleisch, angebraten, Fett abgetropft
1 EL Steak-Gewürzmischung
frisch gemahlener schwarzer Pfeffer nach Geschmack
225 g Maiskörner aus der Dose
4–5 große Kartoffeln
80 g Butter
100 ml Milch
¼ TL Salz
1 EL frisch gehackte Petersilie, zum Garnieren

Den Backofen auf 190 °C vorheizen. Das angebratene Rinderhackfleisch auf dem Boden einer großen Auflaufform (23 cm x 33 cm x 5 cm) verteilen. Mit Gewürzmischung und schwarzem Pfeffer bestreuen, dann den Mais darauf verteilen.

Die Kartoffeln schälen und halbieren. In einen großen Topf geben, mit Wasser bedecken, zum Kochen bringen und 25 Minuten garen, bis die Kartoffeln beim Einstechen mit einer Gabel leicht zerfallen. Abgießen und pürieren. Butter, Milch, Salz und Pfeffer zufügen und rühren, bis die Masse locker und cremig ist.

Das Kartoffelpüree auf Fleisch und Mais verteilen und 20 Minuten überbacken, bis das Kartoffelpüree hellbraun wird. Vor dem Servieren mit gehackter Petersilie bestreuen.

Für 6–8 Personen

Variationen

Schnelles Fischcurry

Grundrezept auf Seite 231

Schnelles Fischcurry mit Erbsen
Gemäß Grundrezept zubereiten. Mit dem Fisch 225 g tiefgefrorene und aufgetaute Erbsen zugeben.

Schnelles Seezungencurry
Gemäß Grundrezept zubereiten. Als Fischsorte Seezungenfilet verwenden.

Schnelles Fischcurry mit Mais
Gemäß Grundrezept zubereiten. Mit den Tomaten 1 Dose Mais zufügen.

Schnelles Fischcurry mit Paprika
Gemäß Grundrezept zubereiten. Mit den Tomaten 225 g gewürfelte rote Paprika zufügen.

Schnelles Fischcurry mit frischem Koriander
Gemäß Grundrezept zubereiten. Mit den Tomaten 25 g frisch gehackten Koriander unterrühren.

Variationen

Hackfleisch-Champignon-Pfanne

Grundrezept auf Seite 232

Leichte Hackfleisch-Champignon-Pfanne
Das Rinderhackfleisch durch Tatar ersetzen, die saure Sahne durch fettarmen Naturjoghurt. Eine fettreduzierte Champignoncremesuppe verwenden.

Hackfleisch-Champignon-Pfanne mit grüner Paprika
Gemäß Grundrezept zubereiten. Mit der Zwiebel 225 g gewürfelte grüne Paprika zufügen.

Puten-Champignon-Pfanne
Gemäß Grundrezept zubereiten. Statt Rinderhackfleisch die gleiche Menge mageres, durch den Fleischwolf gedrehtes Putenfleisch verwenden.

Hackfleischpfanne mit braunen Champignons
Gemäß Grundrezept zubereiten. Mit der Zwiebel 175 g in Scheiben geschnittene braune Champignons zugeben.

Hackfleisch-Champignon-Pfanne mit Bandnudeln
Gemäß Grundrezept zubereiten. Während Fleisch und Zwiebel braten, in einem Topf leicht gesalzenes Wasser aufkochen. 450 g breite Bandnudeln gemäß Packungsanweisung kochen, bis sie al dente sind, abtropfen lassen und unter den fertig zubereiteten Auflauf rühren.

Blitz-Lasagne

Grundrezept auf Seite 235

Blitz-Lasagne mit Ricotta
Gemäß Grundrezept zubereiten. Beim Zufügen der Nudeln auch noch 225 g Ricotta unterheben.

Blitz-Lasagne mit Mais & Kreuzkümmel
Gemäß Grundrezept zubereiten. Basilikum und Oregano weglassen. Mit den Tomaten 1 Teelöffel gemahlenen Kreuzkümmel, ½ Teelöffel gemahlenen Koriander und 225 g Maiskörner aus der Dose zufügen.

Blitz-Linguine
Gemäß Grundrezept zubereiten. Als Nudelsorte Linguine verwenden.

Blitz-Lasagne mit Champignons
Gemäß Grundrezept zubereiten. Mit der Zwiebel 225 g in Scheiben geschnittene Champignons andünsten.

Blitz-Lasagne mit Zucchini
Gemäß Grundrezept zubereiten. Zusammen mit der Zwiebel 1 gewürfelte kleine Zucchini andünsten.

Variationen

Spinatauflauf mit Champignons

Grundrezept auf Seite 236

Spinatauflauf mit Champignons & Frühstücksspeck
Gemäß Grundrezept zubereiten. 4–5 Scheiben Frühstücksspeck knusprig braten, abtropfen lassen und zerkrümeln. Unter den Spinat mischen, dann in die Auflaufform füllen.

Spinatauflauf mit Champignons & Artischocken
Gemäß Grundrezept zubereiten. 225 g abgetropfte und gehackte Artischockenherzen aus der Dose unter die Spinatmischung heben, dann in die Auflaufform füllen.

Spinatauflauf mit Champignons & Linsen
Gemäß Grundrezept zubereiten. 225 g gegarte und abgetropfte Linsen aus der Dose unter die Spinatmischung heben. Dann in die Auflaufform füllen.

Pikanter Spinatauflauf mit Champignons
Gemäß Grundrezept zubereiten. Vor dem Einfüllen in die Auflaufform ¼ oder ½ Teelöffel Chilisauce unter die Spinatmischung rühren.

Spinatauflauf mit Champignons & roter Paprika
Gemäß Grundrezept zubereiten. 225 g geröstete rote Paprika (abgetropft und grob gehackt) unter die Spinatmischung heben. Dann die Mischung in die Form füllen.

Variationen

Schneller Kartoffelauflauf

Grundrezept auf Seite 239

Schneller Kartoffelauflauf mit Rucola
Gemäß Grundrezept zubereiten. 25 g grob gehackten Rucola mit den Tomaten in die Form geben. Vor dem Servieren zusätzlich mit 25 g gehacktem Rucola garnieren.

Schneller Kartoffelauflauf mit Oliven
Gemäß Grundrezept zubereiten. 75 g entsteinte und gehackte schwarze Oliven mit den Tomaten in die Form geben.

Schneller Kartoffelauflauf mit Schinken
Gemäß Grundrezept zubereiten. 100 g gewürfelten geräucherten Schinken mit den Tomaten in die Form geben.

Leichter schneller Kartoffelauflauf
Gemäß Grundrezept zubereiten. Anstelle der 8 ganzen Eier nur das Eiweiß von 10 Eiern verwenden.

Variationen

Putenauflauf

Grundrezept auf Seite 240

Hähnchenauflauf
Gemäß Grundrezept zubereiten. Statt Putenfleisch die gleiche Menge Hähnchenfleisch verwenden.

Putenauflauf mit gebratenen Zwiebeln
Gemäß Grundrezept zubereiten. Zusätzlich 225 g Zwiebelringe in 25 g Butter 12–15 Minuten goldbraun braten. Mit dem Fleisch mischen, dann wie im Rezept fortfahren.

Putenauflauf mit Linsen
Gemäß Grundrezept zubereiten. 225 g gegarte und abgetropfte Linsen mit dem Fleisch mischen. Dann wie im Rezept fortfahren.

Putenauflauf mit Blätterteig
Gemäß Grundrezept zubereiten. Füllung oder Kartoffelpüree weglassen. Den Backofen auf 200 °C vorheizen. Den tiefgefrorenen Blätterteig gemäß Packungsanweisung auftauen und der Größe der Auflaufform entsprechend leicht ausrollen. Auf die Fleischmischung legen und 18–20 Minuten backen, bis der Teig gar und aufgegangen ist.

Variationen

Quinoa mit Gemüse

Grundrezept auf Seite 243

Quinoa mit Gemüse & Sonnenblumenkernen
Gemäß Grundrezept zubereiten. Jede Portion mit 2 Esslöffeln gerösteten Sonnenblumenkernen garnieren.

Quinoa mit schnellem Gemüse
Gemäß Grundrezept zubereiten. Statt Paprika, Stängelkohl und Pilzen eine fertige Gemüsemischung aus dem Tiefkühlfach verwenden.

Bulgur mit Gemüse
Statt Quinoa die gleiche Menge Bulgur verwenden und nach Packungsanweisung zubereiten. Dann wie im Grundrezept fortfahren.

Quinoa mit Gemüse & Rosinen
Gemäß Grundrezept zubereiten. 50 g Rosinen unter den Quinoa rühren, dann mit dem Gemüse mischen.

Variationen

Brokkoli-Artischocken-Gratin

Grundrezept auf Seite 244

Blumenkohl-Artischocken-Gratin
Gemäß Grundrezept zubereiten. Den Brokkoli durch die gleiche Menge Blumenkohlröschen ersetzen.

Brokkoli-Artischocken-Gratin mit Palmherzen
Gemäß Grundrezept zubereiten. Mit den Artischockenherzen zusätzlich 100 g Palmherzen zugeben.

Brokkoli-Artischocken-Gratin mit Ziegenkäse
Gemäß Grundrezept zubereiten. 150 g zerbröselten Ziegenkäse unter die Sauce rühren, dann die Sauce über das Gemüse gießen.

Brokkoli-Artischocken-Gratin mit sonnengetrockneten Tomaten
Gemäß Grundrezept zubereiten. 100 g grob gehackte sonnengetrocknete Tomaten (aus dem Glas) mit den Artischockenherzen zugeben.

Variationen

Fleischauflauf mit Kartoffelhaube

Grundrezept auf Seite 246

Lammauflauf mit Kartoffelhaube
Gemäß Grundrezept zubereiten. Statt Rinderhackfleisch die gleiche Menge Lammhackfleisch anbraten und das Fett abtropfen lassen.

Fleischauflauf mit Kartoffelhaube & grünen Erbsen
Gemäß Grundrezept zubereiten. Den Mais durch 225 g Erbsen ersetzen.

Vegetarischer Auflauf mit Kartoffelhaube
Gemäß Grundrezept zubereiten. Das Hackfleisch durch 900 g Tofu ersetzen.

Fleischauflauf mit Kartoffelhaube & Ricotta
Gemäß Grundrezept zubereiten, aber das Kartoffelpüree weglassen. Stattdessen in einer Schüssel 450 g Ricotta, 2 Eier, ½ Teelöffel getrockneten Oregano und 75 g Mozzarella vermischen, auf Fleisch und Gemüse verteilen und 20 Minuten überbacken, bis der Auflauf heiß und der Käse goldbraun ist.

Fleischauflauf mit Kartoffelhaube & Pastinaken
Gemäß Grundrezept zubereiten. Nur 2 große Kartoffeln verwenden, dafür 4 geviertelte große Pastinaken, das harte Innere entfernt, 20 Minuten mit den Kartoffeln kochen und pürieren. Dann wie im Grundrezept fortfahren.

Schmorgerichte aus Bauernküchen

Auch wenn jede Familie ihre eigenen Rezepte hat, so gibt es doch landes- oder regionentypische Gerichte, die wir Ihnen hier vorstellen.

Marokkanischer Hähnchentopf

Variationen auf Seite 273

Die Tajine, ein Keramik-Kochgefäß aus Nordafrika, ähnelt im Prinzip unserem Römertopf. Sie können das Gericht daher auch im Römertopf oder in einer Pfanne mit hohem Rand zubereiten.

2 EL Olivenöl
900 g Hähnchenbrustfilet, in mundgerechte Stücke geschnitten
½ Zwiebel, fein gehackt
3 Knoblauchzehen, fein gehackt
2 Karotten, gehackt
400 g ganze Tomaten aus der Dose (mit Saft)
425 g Kichererbsen aus der Dose (Asialaden), abgespült
350 ml Gemüsebrühe
1 EL Zitronensaft
1 EL Zucker
1 TL Salz
1 TL gemahlener Koriander
1 Prise Cayennepfeffer

Das Öl bei mittlerer Temperatur in einer großen Pfanne erhitzen. Fleisch und Zwiebel darin 12 Minuten rundherum anbraten. Zwischendurch umrühren. Den Knoblauch zugeben und 2 Minuten mitgaren. Karotten, Tomaten samt Flüssigkeit, Kichererbsen und Brühe zufügen. Mit Zitronensaft, Zucker, Salz, Koriander und Cayennepfeffer würzen. Zum Kochen bringen, die Temperatur reduzieren und abgedeckt 30 Minuten köcheln lassen, bis das Fleisch gar und das Gemüse weich ist.

(Wer eine Tajine oder einen Römertopf besitzt, füllt das Gemüse nach dem Aufkochen um und gart es im vorgeheizten Ofen 30–40 Minuten lang).

Für 4–6 Personen

Französischer Rindfleisch-Gemüse-Topf

Variationen auf Seite 274

Dieses Rezept macht etwas Mühe, aber dafür erhalten Sie zwei Gänge: eine Markpaste, die als Vorspeise auf geröstetem Baguette serviert wird, und ein Schmorgericht mit zartem Fleisch und Gemüse. Legen Sie Küchengarn bereit.

900 g Rinderbeinscheiben mit Knochen
900 g Rinderschmorbraten am Stück
900 g Querrippe vom Rind
900 g große Markknochen
1 große Zwiebel, geschält
4 Gewürznelken
2 Zweige frischer Thymian
2 Lorbeerblätter
2 Selleriestangen mit Blättern
6 Zweige frische Petersilie
1 EL grobes Meersalz
1 TL frisch gemahlener schwarzer Pfeffer
10 Karotten, grob gehackt
8 Porreestangen, längs halbiert und in 2,5 cm lange Stücke geschnitten
700 g Speiserüben, grob gehackt
700 g neue Kartoffeln, abgebürstet
1 Baguette, in dünne Scheiben geschnitten und geröstet, zum Servieren

Beinscheiben, Schmorfleisch, Querrippe und Markknochen in einen großen Bräter legen, mit Wasser bedecken und bei mittlerer bis hoher Temperatur zum Kochen bringen. Die Hitze reduzieren und das Fleisch leicht köcheln lassen. Die Zwiebel mit den Gewürznelken spicken und zugeben. Thymian, Lorbeerblätter, Selleriestangen und Petersilie zusammenbinden. Mit Salz, Pfeffer, Karotten, Porree und Rüben zum Fleisch geben und 45 Minuten mitkochen. Die Kartoffeln zufügen und 35 Minuten mitgaren.

Das Fleisch auf eine große Platte legen. Die Markknochen auf einem Teller beiseitestellen. Das Gemüse rund um das Fleisch anrichten, alles mit Alufolie abdecken und warm halten. Das Mark aus den Knochen löffeln, auf geröstete Baguettescheiben streichen und als Vorspeise oder Beilage zum Fleisch servieren. Die Zwiebel aus der Brühe nehmen. Die Brühe durch ein feines Sieb in einen mittelgroßen Topf gießen. 15 Minuten köcheln lassen, bis die Brühe etwas eingekocht ist. Mit Fleisch und Gemüse in einer Schüssel servieren.

Für 6–8 Personen

Kreolischer Reis-Gemüse-Topf

Variationen auf Seite 275

Ein Klassiker aus dem US-Staat Louisiana, der manchmal mit Alligatorfleisch zubereitet wird.

2 EL Maiskeimöl
450 g Hähnchenbrustfilet, gewürfelt
Salz und frisch gemahlener schwarzer Pfeffer
450 g Cabanossi, gewürfelt
1 Zwiebel, fein gehackt
1 rote Paprika, fein gehackt
4 Selleriestangen, fein gehackt
4 Knoblauchzehen, fein gehackt
500 g Tomatenmark
800 g ganze Tomaten aus der Dose
2 l Hühnerbrühe
2 TL Cayennepfeffer
2 TL frisch gemahlener schwarzer Pfeffer
1 TL frisch gemahlener weißer Pfeffer
1 TL getrockneter Oregano
½ TL getrockneter Thymian
2 Lorbeerblätter
900 g Langkornreis
450 g gegarte Garnelen, ausgelöst und Darmfaden entfernt

1 Esslöffel Öl in einem Bräter bei mittlerer bis hoher Temperatur erhitzen. Das Fleisch salzen und pfeffern, dann von jeder Seite 4 Minuten anbraten. Auf einem Teller beiseitestellen. Die Wurst in den Bräter geben und von jeder Seite 3 Minuten anbraten. Zum Hähnchenfleisch geben. Das restliche Öl erhitzen. Zwiebel, Paprika und Sellerie 5 Minuten andünsten, bis die Zwiebel weich ist. Den Knoblauch zufügen und 1 Minute mitdünsten. Das Tomatenmark einrühren und alles erhitzen, bis die Masse dunkel wird. Die Tomaten und 450 ml Brühe zufügen und den Bratensatz lösen. Gut umrühren. Mit Cayennepfeffer, schwarzem und weißem Pfeffer, Oregano, Thymian und Lorbeerblättern würzen. Fleisch und Wurst wieder in den Bräter geben, die restliche Brühe und den Reis zufügen. Abgedeckt 20–25 Minuten kochen, bis der Reis gar ist und den Großteil der Flüssigkeit aufgenommen hat. Die Garnelen zufügen und bei mittlerer Temperatur 10 Minuten erhitzen. Dabei dickt die Sauce weiter ein.

Für 6–8 Personen

Deftiger Bohneneintopf

Variationen auf Seite 276

Dieses Gericht ist ein typisches Beispiel für die Landküche im Südwesten Frankreichs, Cassoulet, ein Eintopf aus Bohnen, Speck und Fleisch.

350 g getrocknete weiße Bohnen, über Nacht in Wasser eingeweicht
275 g Schweinebauch ohne Schwarte, in dünne Scheiben geschnitten
150 g dicke Scheiben Frühstücksspeck, in 1 cm große Stücke geschnitten
900 g Lammschulter ohne Knochen, in 4 cm große Würfel geschnitten
1 große Zwiebel, fein gehackt
1 Porreestange, in feine Stifte geschnitten
2 Knoblauchzehen, fein gehackt
400 g ganze Tomaten aus der Dose (mit Saft)
3 Zweige frischer Thymian
2 Lorbeerblätter
225 ml Wasser
225 ml Hühnerbrühe
225 g Semmelbrösel
30 g fein gehackte frische Petersilie

Den Backofen auf 190 °C vorheizen. Die Bohnen abgießen und unter fließend kaltem Wasser abspülen. In einem mittelgroßen Topf mit Wasser bedecken, zum Kochen bringen und 15 Minuten garen. Abtropfen lassen und beiseitestellen. In einem großen Bräter den Schweinebauch bei mittlerer Temperatur etwa 3 Minuten anbraten. Auf einem Teller beiseitestellen. Den Frühstücksspeck im Bräter 7–8 Minuten knusprig braten. Zum Schweinebauch geben. Das Lammfleisch im ausgebratenen Fett portionsweise von jeder Seite 4 Minuten anbraten. Auf einem anderen Teller beiseitestellen.

Das Fett aus dem Bräter abgießen, nur 2 Esslöffel zurückbehalten. Darin Zwiebel und Porree bei mittlerer bis niedriger Temperatur 4 Minuten glasig dünsten. Den Knoblauch zugeben und 1 Minute mitdünsten. Die Tomaten samt Flüssigkeit zufügen und mit einem Kochlöffel grob

zerkleinern. Thymian, Lorbeerblätter, Wasser und Brühe einrühren. Alles Fleisch wieder in den Bräter geben. Aufkochen, abdecken und im vorgeheizten Ofen 45 Minuten garen.

In einer Schüssel Semmelbrösel und gehackte Petersilie mischen. Den Bräter aus dem Ofen nehmen, nach Wunsch Thymian und Lorbeerblätter entfernen. Mit der Bröselmischung bestreuen und ohne Deckel weitere 45 Minuten überbacken, bis die Flüssigkeit fast vollständig aufgesogen ist.

Für 4–6 Personen

Ungarisches Gulasch

Variationen auf Seite 277

Für den authentischen Geschmack sorgt eine gute Portion ungarisches Paprikapulver. Probieren Sie die hier angegebene Menge von 2 Esslöffeln, Sie können nach Belieben auch mehr dazugeben.

900 g Rinderschmorfleisch, in 2,5 cm große Würfel geschnitten
1 TL Salz, plus 1 Prise mehr
2 EL Maiskeimöl
2 Zwiebeln, gehackt
2 EL edelsüßes Paprikapulver
2 Lorbeerblätter
1 l Wasser
4 Kartoffeln, gewürfelt
¼ TL frisch gemahlener schwarzer Pfeffer
75 g Mehl
1 Ei
saure Sahne, zum Garnieren

Das Fleisch mit ½ Teelöffel Salz bestreuen und beiseitestellen. Das Öl in einem großen Bräter bei mittlerer Temperatur erhitzen. Die Zwiebeln darin 5 Minuten glasig dünsten. Das Fleisch mit Paprikapulver und Lorbeerblättern zufügen und rundherum etwa 8 Minuten braun anbraten. Das Wasser angießen, die Hitze reduzieren und 1 Stunde köcheln lassen. Kartoffeln, Pfeffer und wieder ½ Teelöffel Salz zufügen und 20–30 Minuten garen, bis Fleisch und Kartoffeln weich sind.

Für die Klöße Mehl, Ei und 1 Prise Salz in einer kleinen Schüssel verrühren. 30 Minuten beiseitestellen. Mit einem Teelöffel Klößchen abstechen und diese kurz vor Ende der Garzeit ins Gulasch geben. Wenn die Klöße an die Oberfläche steigen, noch abgedeckt 5 Minuten ziehen lassen. Das Gericht mit saurer Sahne garniert servieren.

Für 6 Personen

Moussaka mit Lamm

Variationen auf Seite 278

Servieren Sie zu diesem Klassiker aus Griechenland frisches, knuspriges Brot zum Auftunken der Sauce.

700 g Zucchini
3 EL Olivenöl, plus etwas mehr zum Einfetten
1 große Zwiebel, fein gehackt
450 g Lammhackfleisch
2 Knoblauchzehen, fein gehackt
1 Zimtstange
$1\frac{1}{2}$ TL getrockneter Oregano
275 g Spinat, tiefgefroren, aufgetaut und abgetropft
275 ml einfache Tomatensauce (Fertigprodukt)
1 Hühnerbrühwürfel
Salz und frisch gemahlener schwarzer Pfeffer nach Geschmack
25 g Butter
35 g Mehl
350 ml Milch
1 Prise frisch geriebene Muskatnuss
2 TL abgeriebene Zitronenschale
50 g Parmesan, frisch gerieben

Den Backofengrill vorheizen. Die Zucchini in 1,5 cm dicke Scheiben schneiden und in einer Schicht auf ein großes, mit Öl eingefettetes Backblech legen. Mit 1 Esslöffel Olivenöl beträufeln und 5 Minuten grillen. Die Zucchinischeiben wenden und von der anderen Seite ebenfalls 5 Minuten grillen. Auf einem mit Küchenpapier belegten Kuchengitter abtropfen lassen.

Das restliche Öl bei mittlerer bis niedriger Temperatur in einer großen Pfanne erhitzen. Die Zwiebel darin glasig dünsten, dann das Fleisch zugeben und anbräunen. Knoblauch, Zimt, Oregano, Spinat, Tomatensauce und Brühwürfel zugeben. Den Brühwürfel zerstoßen, bis er sich auflöst. 10 Minuten unter gelegentlichem Rühren köcheln lassen. Vom Herd nehmen. Die Zimtstange entfernen und die Sauce mit Salz und Pfeffer abschmecken.

Für die Béchamelsauce die Butter bei niedriger Temperatur in einem kleinen Topf zerlassen. Das Mehl einrühren und goldbraun anschwitzen. Unter ständigem Rühren die Milch zugießen, aufkochen und 5–10 Minuten köcheln lassen, bis die Sauce eindickt. Muskatnuss und Zitronenschale einrühren. Die Sauce beiseitestellen.

Das Fleisch auf den Boden einer großen, rechteckigen Auflaufform füllen. Die Zucchinischeiben darauflegen, mit Béchamelsauce übergießen und mit frisch geriebenem Parmesan bestreuen. 20–25 Minuten goldbraun überbacken.

Für 4–6 Personen

Irish Stew

Variationen auf Seite 279

Für dieses Rezept aus Irland werden Lammkoteletts verwendet, weil die Knochen das Gericht noch aromatischer machen.

4 Lammkoteletts, 2,5 cm dick
4 Karotten, gehackt
3 Zwiebeln, grob gehackt
Salz und frisch gemahlener schwarzer Pfeffer
½ TL getrockneter Thymian
1 TL Worcestersauce
350 ml Lamm- oder Rinderbrühe
4 Kartoffeln, gewürfelt
50 g Butter
35 g Mehl
2 EL fein gehackte frische krause Petersilie, zum Garnieren

Den Backofen auf 175 °C vorheizen. Einen Teil des Fetts von den Lammkoteletts abschneiden und in einer Pfanne 5–8 Minuten bei mittlerer Temperatur auslassen. Das restliche Fett von den Koteletts abschneiden, dann die Koteletts im ausgelassenen Fett in der heißen Pfanne bei mittlerer Temperatur von jeder Seite 2 Minuten anbraten. Die Koteletts in eine Auflaufform legen. Karotten und Zwiebeln darauf verteilen. Mit Salz, Pfeffer, Thymian und Worcestersauce würzen. Die Brühe über das Gemüse gießen. Die Kartoffeln darauf verteilen und salzen und pfeffern. Die Form abdecken und das Stew 1 Stunde und 45 Minuten im Ofen garen.

Kurz vor Ende der Garzeit die Butter bei mittlerer Temperatur in einem mittelgroßen Topf zerlassen. Das Mehl einrühren und 2 Minuten unter ständigem Rühren hellbraun anschwitzen. Das Stew aus dem Ofen nehmen und den Großteil der Flüssigkeit zur Mehlschwitze gießen. Unter ständigem Rühren bei mittlerer Temperatur aufkochen, bis eine glatte Sauce entstanden ist. Die Sauce über das Fleisch gießen. Zum Servieren mit Petersilie bestreuen.

Für 4 Personen

Jakobsmuschel-Risotto

Variationen auf Seite 280

Das zarte Aroma von pürierten Zucchini passt ausgezeichnet zu den edlen Jakobsmuscheln.

225 g Kirschtomaten
4 EL Olivenöl, plus 2 TL mehr
Salz und frisch gemahlener schwarzer Pfeffer
175 g Zwiebeln, gewürfelt
1 Knoblauchzehe, fein gehackt
450 g Zucchini, gewürfelt
50 ml frisch gepresster Zitronensaft
450 g Risottoreis (z. B. Arborio)
450–700 ml Hühnerbrühe
50 g Parmesan, frisch gerieben
18 Jakobsmuscheln, ausgelöst
25 g frisch gehackte Petersilie, zum Garnieren

Den Backofen auf 130 °C vorheizen. Die Kirschtomaten in 2 Teelöffeln Öl wenden. Mit Salz und Pfeffer würzen, auf ein leicht eingefettetes Backblech legen und 1 Stunde im Ofen backen. Beiseitestellen. 1 Esslöffel Öl bei mittlerer Temperatur in einer Pfanne erhitzen. Die Zwiebeln unter häufigem Rühren 4 Minuten braten. Den Knoblauch zufügen und 1 Minute mitbraten. Die Zucchini zugeben und 5 Minuten dünsten. 1 Esslöffel Öl und den Zitronensaft zufügen und die Mischung in einem Mixer oder mit dem Pürierstab pürieren. Beiseitestellen.

Für den Risotto 1 Esslöffel Öl in einem Topf erhitzen. Den Reis einrühren und glasig dünsten. 225 ml Brühe zufügen und unter ständigem Rühren köcheln lassen, bis er fast die ganze Flüssigkeit aufgenommen hat. Erst dann portionsweise die weitere Brühe zugeben und jede Portion aufsaugen lassen. Wenn der Reis gar ist, Zucchinipüree und Parmesan unterrühren. Warm halten. Das restliche Öl in einer Pfanne erhitzen. Jakobsmuscheln und Tomaten zugeben, mit Salz und Pfeffer würzen und 5–6 Minuten dünsten, bis die Jakobsmuscheln nicht mehr glasig sind. Muscheln und Tomaten unter den Risotto heben. Mit Petersilie garnieren.

Für 4 Personen

Flämische Karbonade

Variationen auf Seite 281

Der Name dieses Gerichts aus Belgien geht auf den französischen Begriff für Fleisch zurück, das über heißen Kohlen gegart wird.

50 g Butter oder Schmalz
1,4 kg mageres Rinderschmorfleisch, gewürfelt
700 g Zwiebeln, in Ringe geschnitten
2 Knoblauchzehen, fein gehackt
Salz und frisch gemahlener schwarzer Pfeffer nach Geschmack
700 ml (belgisches) Bier
225 ml Rinderbrühe
2 EL Zucker
1 Lorbeerblatt
½ TL getrockneter Thymian
1 EL fein gehackte frische glatte Petersilie
30 g Mehl
100 ml Wasser

Den Backofen auf 160 °C vorheizen. Butter oder Schmalz bei mittlerer bis hoher Temperatur in einem großen Bräter zerlassen. Das Fleisch von allen Seiten etwa 10 Minuten anbraten. In einer Schüssel beiseitestellen. Die Zwiebeln im Bräter etwa 8 Minuten goldbraun anbraten. Den Knoblauch zufügen und 2 Minuten mitbraten. Mit Salz und Pfeffer würzen, dann Bier und Brühe zugießen. Das Fleisch wieder in den Bräter geben. Es soll ganz mit Flüssigkeit bedeckt sein. Falls nötig, etwas Wasser zugießen. Zucker, Lorbeerblatt, Thymian und Petersilie einrühren. Abdecken, in den Ofen schieben und 1½ Stunden garen.

In einer kleinen Schüssel Mehl und Wasser glatt rühren. Zum Fleisch geben und gut verrühren. Auf der Herdplatte bei mittlerer Temperatur noch 15 Minuten köcheln lassen, dabei gelegentlich umrühren. Das Lorbeerblatt entfernen und das Gericht zu gekochten Kartoffeln servieren.

Für 6 Personen

Variationen

Marokkanischer Hähnchentopf

Grundrezept auf Seite 257

Marokkanischer Lammtopf
Gemäß Grundrezept zubereiten. Statt Hähnchenfleisch die gleiche Menge mageres, gewürfeltes Lammfleisch ohne Knochen verwenden.

Schweinefleischtopf
Gemäß Grundrezept zubereiten. Statt Hähnchenfleisch die gleiche Menge mageres, gewürfeltes Schweinefleisch (z. B. Schnitzelfleisch) verwenden.

Marokkanischer Rindfleischtopf
Gemäß Grundrezept zubereiten. Statt Hähnchenfleisch die gleiche Menge gewürfeltes Roastbeef verwenden.

Marokkanischer Hähnchentopf mit Korinthen-Couscous
Gemäß Grundrezept zubereiten und dazu Couscous mit Korinthen (s. S. 192) servieren.

Marokkanischer Hähnchentopf mit Mandeln
Gemäß Grundrezept zubereiten. Jede Portion mit 2 Esslöffeln Mandelblättchen garnieren.

Variationen

Französischer Rindfleisch-Gemüse-Topf

Grundrezept auf Seite 258

Französischer Rindfleisch-Gemüse-Topf mit körnigem Senf
Gemäß Grundrezept zubereiten. Auf jede Baguettescheibe zuerst ¼ Teelöffel körnigen Senf, dann das Mark streichen.

Französischer Rindfleisch-Gemüse-Topf mit Meerrettich
Gemäß Grundrezept zubereiten. Auf jede Baguettescheibe zuerst ¼ Teelöffel Meerrettich, dann das Mark streichen.

Französischer Rindfleisch-Gemüse-Topf mit Zimt
Gemäß Grundrezept zubereiten. Mit den Kräutern und Gewürzen 1 Zimtstange zufügen.

Französischer Schweinerippchen-Gemüse-Topf
Gemäß Grundrezept zubereiten. Das Rindfleisch durch die gleiche Menge dicke Rippe vom Schwein ersetzen.

Französischer Rindfleisch-Gemüse-Topf mit Cornichons
Gemäß Grundrezept zubereiten. Jede Baguettescheibe mit einem Cornichon garnieren.

Variationen

Kreolischer Reis-Gemüse-Topf

Grundrezept auf Seite 261

Kreolischer Reis-Gemüse-Topf mit Schinken
Gemäß Grundrezept zubereiten. Die Garnelen durch die gleiche Menge gewürfelten geräucherten Schinken ersetzen.

Kreolischer Reis-Gemüse-Topf mit Gewürzmischung
Gemäß Grundrezept zubereiten. Statt Cayennepfeffer, schwarzem und weißem Pfeffer, Oregano und Thymian 2 Teelöffel fertige kreolische Gewürzmischung verwenden.

Kreolischer Nudel-Gemüse-Topf
Den Reis weglassen und nur 1 Liter Brühe und 350 g Tomatenmark verwenden. 450 g Rigatoni nach Packungsanweisung garen, bis sie al dente sind. Mit Fleisch und Gemüse mischen, alles in eine Auflaufform füllen und 10–15 Minuten im vorgeheizten Backofen bei 175 °C überbacken.

Kreolischer Reis-Gemüse-Topf mit Red Snapper
Gemäß Grundrezept zubereiten. Statt Hähnchen die gleiche Menge gehäutetes und in mundgerechte Stücke geschnittenes Red-Snapper-Filet verwenden.

Kreolischer Reis-Gemüse-Topf mit Pute
Gemäß Grundrezept zubereiten. Statt Hähnchenfleisch die gleiche Menge gewürfeltes Putenbrustfilet verwenden.

Variationen

Deftiger Bohneneintopf

Grundrezept auf Seite 262

Bohneneintopf mit Entenkeulen
Zusätzlich Entenkeulen verwenden. Den Backofen auf 200 °C vorheizen. 6 Entenunterkeulen auf ein Backblech legen und 15 Minuten backen. Das Fleisch von den Knochen lösen und in Streifen schneiden. Die Ofentemperatur auf 190 °C reduzieren. Das Entenfleisch auf dem Gericht verteilen, dann erst mit der Semmelbröselmischung bestreuen und überbacken.

Kichererbseneintopf
Anstelle der weißen Bohnen getrocknete Kichererbsen verwenden.

Bohneneintopf mit Schinken
Gemäß Grundrezept zubereiten. Statt Frühstücksspeck gewürfelten Bauchspeck (z. B. Pancetta) verwenden.

Bohneneintopf mit Gewürznelken
Gemäß Grundrezept zubereiten. 1 Zwiebel, geviertelt und mit 4 Gewürznelken gespickt, zufügen.

Bohneneintopf mit Landjäger
Gemäß Grundrezept zubereiten. 450 g in 2–3 cm dicke Scheiben geschnittene Landjäger (geräucherte und luftgetrocknete Rotwurst) mit dem übrigen Fleisch zum Gemüse in den Bräter geben.

Variationen

Ungarisches Gulasch

Grundrezept auf Seite 265

Ungarisches Gulasch mit Karotten
Gemäß Grundrezept zubereiten. Mit den Kartoffeln 3–4 grob gehackte Karotten zugeben.

Ungarisches Gulasch mit Tomaten
Gemäß Grundrezept zubereiten, dabei aber nur 700 ml Wasser zugießen. 400 g Tomaten aus der Dose samt Saft mit Wasser und Kartoffeln zufügen.

Ungarisches Gulasch mit Paprika
Gemäß Grundrezept zubereiten. Zusammen mit den Zwiebeln 1 gewürfelte rote Paprika zufügen.

Ungarisches Gulasch mit Oliven
Gemäß Grundrezept zubereiten. Vor den Klößchen 150 g Oliven mit Paprikafüllung zugeben.

Scharfes ungarisches Gulasch
Gemäß Grundrezept zubereiten. 1 Esslöffel edelsüßes Paprikapulver durch scharfes Paprikapulver ersetzen.

Variationen

Moussaka mit Lamm

Grundrezept auf Seite 266

Moussaka mit Rindfleisch
Gemäß Grundrezept zubereiten. Das Lammfleisch durch die gleiche Menge mageres Rinderhackfleisch ersetzen.

Vegetarisches Moussaka
Gemäß Grundrezept zubereiten. Das Fleisch durch die gleiche Menge feines Sojaprotein (Tofu) ersetzen.

Moussaka mit Lamm & Semmelbröseln
Gemäß Grundrezept zubereiten. Mit einem Belag aus 50 g Semmelbrösel, 25 g zerlassener Butter und 50 g frisch geriebenem Parmesan überbacken.

Moussaka mit Lamm & Auberginen
Gemäß Grundrezept zubereiten. 225 g von der Zucchinimenge durch 225 g ungeschälte Auberginenscheiben ersetzen.

Variationen

Irish Stew

Grundrezept auf Seite 269

Irish Stew mit Steckrüben
Gemäß Grundrezept zubereiten. Mit den Kartoffeln 1 gewürfelte kleine Steckrübe zufügen.

Irish Stew mit Erbsen
Gemäß Grundrezept zubereiten. Mit den Karotten 225 g Erbsen zugeben.

Irish Stew mit Sellerie
Gemäß Grundrezept zubereiten. Zusammen mit den Karotten 2 gehackte Selleriestangen zufügen.

Irish Stew mit Rindfleisch
Gemäß Grundrezept zubereiten. Statt Lammfleisch 700 g mageres Rinderschmorfleisch verwenden.

Variationen

Jakobsmuschel-Risotto

Grundrezept auf Seite 270

Garnelen-Risotto
Gemäß Grundrezept zubereiten. Statt Jakobsmuscheln 700 g rohe Garnelen, ausgelöst und Darmfaden entfernt, verwenden. Die Garnelen dünsten, bis sie nicht mehr glasig sind und rosa werden.

Venusmuschel-Risotto
Gemäß Grundrezept zubereiten. Anstelle der Jakobsmuscheln 450 g gegarte Venusmuscheln verwenden.

Jakobsmuschel-Risotto mit Blumenkohl
Gemäß Grundrezept zubereiten. Mit den Kirschtomaten 1 Blumenkohl, in Röschen zerteilt und in 1 Esslöffel Öl gewendet, im Ofen garen.

Jakobsmuschel-Risotto mit Blauschimmelkäse
Gemäß Grundrezept zubereiten. Statt Parmesan 100 g zerbröselten Blauschimmelkäse (z. B. St. Augur) verwenden.

Variationen

Flämische Karbonade

Grundrezept auf Seite 272

Flämische Karbonade mit Pastinaken
Gemäß Grundrezept zubereiten. Während der letzten 15 Minuten Backzeit 2 gewürfelte Pastinaken mitgaren.

Flämische Karbonade mit Frühstücksspeck
Gemäß Grundrezept zubereiten. Zuerst 4–5 Scheiben Frühstücksspeck im Bräter 6–8 Minuten knusprig anbraten, herausnehmen und auf einem Teller beiseitestellen. Statt Butter oder Schmalz das ausgebratene Speckfett zum Anbraten des Fleischs benutzen. Den Speck zusammen mit dem Fleisch wieder in den Bräter geben.

Flämische Karbonade mit Croûtons
Gemäß Grundrezept zubereiten. Jede Portion mit 25 g Croûtons garnieren.

Flämische Karbonade mit Senf
Gemäß Grundrezept zubereiten. Vor dem Andicken mit Mehl und Wasser 1 Teelöffel Senf unter die Flüssigkeit im Bräter rühren.

Register